ESSAI
BIBLIOGRAPHIQUE.

Cet ouvrage se trouve

Chez
{
FIRMIN DIDOT, imprimeur-libraire.
BARROIS aîné, libraire, rue de Seine, n° 10.
MERLIN, libraire, quai des Augustins, n° 7.
RENOUARD, libraire, rue de Tournon, n° 6.
}

Armes des

ELSÉVIERS,

ou

ELZÉVIRS.

ESSAI
BIBLIOGRAPHIQUE

SUR LES ÉDITIONS

DES ELZÉVIRS

LES PLUS PRÉCIEUSES ET LES PLUS RECHERCHÉES,

PRÉCÉDÉ

D'UNE NOTICE

SUR CES IMPRIMEURS CÉLÈBRES.

par Bérard.

NON SOLUS

A PARIS,

DE L'IMPRIMERIE DE FIRMIN DIDOT,

IMPRIMEUR DU ROI ET DE L'INSTITUT, RUE JACOB, N° 24.

MDCCCXXII.

AVERTISSEMENT.

Les jolies éditions imprimées par les Elzévirs pendant le dix-septième siècle sont aujourd'hui recherchées avec un extrême empressement, et les amateurs de livres se décident souvent à les payer des prix considérables. Mais, il faut en convenir, cet empressement est parfois peu éclairé, et la réputation de ces habiles imprimeurs a fait élever la valeur d'ouvrages ordinaires, publiés par eux, au-delà de toute proportion raisonnable. Cela nous a fait penser qu'une notice où le mérite et la rareté de celles de ces éditions qui sont les plus désirables seraient appréciés pourrait être accueillie avec quelque intérêt.

L'utilité de la bibliographie ne saurait être contestée, et la bibliomanie elle-même peut se justifier à plus d'un égard. Nous ne parlons pas de celle qui consiste à entasser sans choix comme sans mesure des ouvrages, parce qu'ils ont, avec ou sans raison, une réputation de rareté; nous voulons parler de ce goût éclairé qui porte celui qui l'éprouve à tâcher d'unir la beauté d'un livre à sa bonté. La bibliomanie envisagée sous ce point de vue, et resserrée dans de justes bornes, n'est donc que l'amour des livres bien entendu. Cet amour est une passion à-la-fois pure et honorable. Nous allons essayer, non pas de l'excuser, mais de l'expliquer : ce sera l'avoir justifiée que de l'avoir fait comprendre. Les objets dont nous allons nous occuper sembleront bien peu intéressants, bien minutieux à d'autres qu'à des bibliomanes ; mais aussi c'est particulièrement pour ces derniers que nous écrivons.

Le mérite d'un livre se compose du *fond*, c'est-à-dire de l'importance ou de l'intérêt du sujet et du talent avec lequel il est traité, et de la *forme*, c'est-à-dire de l'élégance et de la correction de l'édition, de la beauté du papier et de la perfection de la reliure. En général on recherche un livre dont le fond est bon ou utile alors même que la forme en est peu agréable. Quelquefois aussi la forme d'un livre suffit pour le faire rechercher, quoique le fond en soit médiocre ou même tout-à-fait nul. La perfection en ce genre consiste donc dans la réunion de ces deux espèces de qualités, et dès-lors le mérite d'un livre est d'autant plus grand que le sujet en est mieux traité et que l'édition en est plus belle. A ces deux qualités il convient d'en ajouter une troisième, c'est *la rareté*. Celle-ci, quoique fondée sur quelque chose de moins positif que les deux autres, ne laisse pas néanmoins d'être l'occasion des plus grandes extravagances; car il est difficile de savoir jusqu'où peut nous porter le désir d'une possession exclusive. Nous croyons avoir réussi à démontrer comment un livre peut être à-la-fois *bon*, *beau* et *rare*, et si nous ne nous sommes pas trompé, nous avons dû faire voir aussi combien dans le cas d'une semblable réunion il devenait désirable.

Quoique nous proscrivions d'une manière générale les livres qui ne sont que beaux et ceux qui sont seulement rares, nous sommes cependant forcés de convenir que cette règle présente quelques exceptions. Quand on forme une collection, il faut souvent y admettre, malgré soi, des ouvrages que l'on rejetterait s'ils étaient isolés. Combien, par exemple, n'est-il pas d'éditions *variorum* médiocres ou mauvaises qui entrent cependant dans cette nombreuse collection. Le peu de cas que l'on faisait du Stace *ad usum* a occasionné sa destruction lorsqu'il parut, et aujourd'hui le très-petit nombre d'exemplaires échappés à l'épicier est d'un prix excessif. Il faut cependant se résoudre à acheter les mauvais *variorum*, et à payer follement le Stace *ad usum* sous peine de nuire à la valeur et à l'agrément de collections restées incomplètes. Nous pensons donc que lorsqu'un livre, indépendamment de son mérite, a, en raison de sa rareté, *une valeur* reconnue et constante, il peut ou doit faire partie de la bibliothèque d'un amateur éclairé; et l'on conviendra sans peine qu'il n'est guère possible de réprouver un goût susceptible d'une telle justification, même sous les rapports pécuniaires.

Nous venons de prouver qu'en fait de livres des folies pouvaient quelquefois être fort raisonnables. On ne nous blâmera pas de saisir cette occasion de répondre à quelques-unes de ces plaisanteries que l'on se permet si légèrement, et par lesquelles on croit frapper de ridicule des objets dont souvent on n'a pas la première idée. Cette digression se rattache assez naturellement à notre sujet pour qu'on nous la pardonne.

Il a la bonne édition, celle qui a la faute, dit-on plaisamment. Mais on ne réfléchit pas qu'il peut arriver que cette faute soit unique dans un livre, et qu'ainsi cette indication soit celle d'une excellente édition; que d'ailleurs lorsqu'il s'agit de distinguer une édition d'une autre, on doit préférer la désignation la plus simple, celle qui se grave le plus aisément dans la mémoire, et que souvent cette désignation peut suppléer à la description d'un volume. On rit aussi quelquefois de l'importance que les amateurs attachent aux *grands papiers* et aux *grandes marges;* cependant, si l'on veut bien s'en rendre compte, rien ne paraîtra plus concevable qu'un pareil goût. Avant que les livres fussent communs, et se trouvassent pour ainsi dire dans les mains de tout le monde, ils étaient particulièrement destinés aux savants, à ceux qui s'en servaient pour travailler, et alors de *grandes marges* étaient nécessaires, puisqu'elles devaient être couvertes de notes. Ces marges caractérisaient donc les livres les plus précieux, ceux que les érudits recherchaient le plus, et l'habitude de les considérer comme tels se perpétua même quand on eut abandonné l'usage d'écrire dessus. On ne peut pas se dissimuler non plus qu'il existe une jouissance réelle pour les yeux dans de belles proportions

entre un texte bien imprimé et les marges qui
l'environnent, avantage que l'on rencontre toujours dans les éditions tirées sur grand papier.
La préférence accordée aux grandes marges s'explique encore d'une autre manière. Un sentiment
tout-à-fait naturel, c'est de désirer posséder un objet
tel qu'il a été créé : or plus les marges d'un livre
sont grandes, et plus il se rapproche de son état
primitif. Enfin un livre est d'autant plus susceptible de recevoir de nouvelles reliures que ses
marges ont été mieux conservées. Il faut au surplus qu'il y ait quelque chose de bien fondé
dans ce que je viens de dire; car rien n'est plus
positif et plus constant que la valeur considérable
des exemplaires grands de marges des ouvrages
déja anciens et de ceux qui sont rares.

Il me reste à dire un mot des livres recherchés par les amateurs parce qu'ils sont ce qu'on
appelle *lavés* et *réglés*.

Lors de l'invention de l'imprimerie, les livres
eurent pour objet d'imiter les manuscrits et de
les remplacer; il est même certain que quelques-
uns des premiers livres imprimés furent vendus
comme des manuscrits véritables. Pour ajouter
encore à la ressemblance, on entourait chaque

page d'un encadrement semblable à celui qui,
dans les manuscrits, servait à régulariser l'écriture, et cet usage a continué lors même que l'impression n'a plus été l'imitation des caractères
écrits. Comme en général les livres étaient imprimés sur des papiers peu ou mal *collés*, pour
éviter que les réglures ne *bussent*, quand cela
était nécessaire, on trempait chaque feuille dans
de l'eau d'alun, ce qui faisait dire que le livre
était *lavé*. Cette opération, ainsi que celle de la
réglure, qui se faisait après, étant dispendieuse,
on choisissait nécessairement les exemplaires les
moins défectueux et ceux qui avaient été imprimés
sur le meilleur papier. Ce n'est donc pas à tort
qu'on accorde la préférence aux anciens livres
lavés et réglés sur ceux qui ne le sont pas, puisqu'il est évident que les premiers sont des exemplaires de choix. Revenons à notre sujet.

Après avoir exposé les principes d'après lesquels nous croyons que l'on doit former les réunions de livres, nous allons en faire l'application
à la collection des Elzévirs. Nous commencerons
par indiquer les divisions de notre travail et les
sources dans lesquelles nous avons puisé.

A la suite de cet avertissement l'on trouvera une

notice sur la famille des Elzévirs, soigneusement
extraite d'une autre plus étendue insérée par
M. Adry, ancien bibliothécaire de l'Oratoire, dans
le *Magasin encyclopédique*, et augmentée de
matériaux assez nombreux que nos recherches
nous ont fait découvrir. La notice que nous an-
nonçons sera sans doute regardée comme la partie la plus intéressante de ce volume; elle l'eût
été davantage encore si l'étendue du texte original nous eût permis de l'insérer en entier. L'ouvrage de M. Adry, dont cette notice faisait partie,
et que sa mort ne lui a pas permis d'achever,
différait de celui-ci sous deux rapports : sous
celui de l'étendue, puisqu'il devait comprendre,
sans aucune exception, tous les livres imprimés
par les Elzévirs ; et sous le rapport de la critique,
puisqu'il comptait se borner, à très-peu de choses
près, à la simple nomenclature des éditions. La
partie historique de son ouvrage était la seule
vraiment nouvelle, et la notice en reproduit la
plus grande partie.

Nous avons adopté pour la classification des
ouvrages l'ordre chronologique, qui est à-la-fois
le plus naturel, celui qui permet le mieux d'ap-
précier à quelle époque les Elzévirs se sont élevés

au plus haut degré de perfection, et quels sont ceux de ces imprimeurs qui ont le mieux mérité d'un art à l'illustration duquel ils ont tous tant contribué.

La première partie de notre travail comprend les éditions de format *petit in-douze* (1), qui ont une valeur constante et considérable, soit en raison du mérite des ouvrages, soit à cause de la beauté de l'impression, soit enfin parce qu'elles sont d'une rareté bien reconnue. Nous indiquerons, toutes les fois que cela nous sera possible, les plus hauts prix auxquels ces livres auront été portés dans des ventes publiques, ainsi que *les mesures* des exemplaires si chèrement vendus, en ayant bien soin de faire remarquer que ces prix ne sont pas ceux des livres d'une condition ordinaire, et ne tiennent qu'à la très-grande

_____

(1) Nous croyons utile de faire remarquer que nous indiquons toujours les formats d'après la manière dont le papier a été plié, et que pour nous un in-12 résulte de la feuille d'impression pliée *en douze*, un in-8° de la même feuille pliée *en huit*, etc. Cette remarque est nécessaire pour éviter la confusion; car le papier que l'on emploie aujourd'hui étant généralement plus grand que celui d'autrefois, il s'ensuit que les anciens formats in-12 d'alors sont plus petits que la plupart des in-18 actuels.

beauté des exemplaires auxquels ils s'appliquent.

Quelques ouvrages imprimés par les Elzévirs, pris isolément, n'ont qu'une valeur médiocre, et cependant sont susceptibles d'en acquérir une assez grande par leur réunion. Nous donnerons une indication exacte des principales réunions de ce genre que l'on peut former, parmi lesquelles on distingue les œuvres de Balzac, celles de Brantôme, les mémoires et les ambassades de Bassompierre, les écrits relatifs au cardinal de Richelieu, etc., etc. Cette classe, secondaire quant aux prix des ouvrages qui la composent, est assez intéressante quant à leur contenu.

Nous ferons une autre classe de quelques ouvrages sur la politique et sur l'histoire, qui, assez long-temps délaissés, ont repris faveur depuis quelques années, et fournissent une nouvelle preuve de la vérité de cet hémistiche de Terentianus Maurus, *Habent sua fata libelli*. Ici nous serons forcé d'être sobre et de ne pas trop nous étendre; car dans ces ouvrages, dont bien peu sont remarquables, la nuance entre le médiocre et le détestable est presque imperceptible.

Les Elzévirs ont imprimé beaucoup d'ouvrages de format *grand in-douze* ou *petit in-octavo*, parmi lesquels il s'en trouve de précieux et de chers. Il peut résulter de ces ouvrages une autre espèce de collection qui, je crois, n'a pas encore été indiquée, et qui pourtant mérite de l'être. Au nombre de ces éditions grand in-douze, on compte le Montaigne de 1659, les *Raggionamenti* d'Aretin, les Voyages de Tavernier, et d'autres encore habituellement rares et chers.

Nous terminerons en indiquant un petit nombre de volumes d'un format inférieur ou supérieur à l'in-12, et qui présentent encore quelque intérêt. Dans cette dernière partie se trouvera une notice sur les ouvrages imprimés en langues orientales par les Elzévirs. Nous devons à l'amitié de M. Langlès, conservateur des manuscrits orientaux de la Bibliothèque Royale, la plus grande partie des renseignements d'après lesquels cette notice est composée. Nous avons lieu de croire que ces renseignements sont en grande partie publiés pour la première fois, et qu'ils ne seront pas jugés indignes d'attention.

Une portion de notre travail, comprise dans la première partie, est entièrement nouvelle. C'est celle où il est question des éditions d'œuvres de théâtre de quelques auteurs qui avaient été, jusqu'à ce jour, injustement négligées par les bibliographes. Peu de personnes étaient instruites que les théâtres de Pierre et de Thomas Corneille avaient été complètement imprimés par les Elzévirs. Ces théâtres sont extrêmement difficiles à réunir, sur - tout d'éditions originales, et il est facile de le concevoir lorsque l'on sait que chaque pièce était d'abord imprimée séparément, et ensuite réimprimée lorsqu'elle venait à manquer; que par conséquent les volumes de ces théâtres presque toujours dépareillés, que l'on rencontre, sont mélangés de ces réimpressions, ce qui rend les exemplaires entièrement de premières éditions d'une excessive rareté. Nous n'avons jamais vu qu'un seul exemplaire parfaitement complet de Pierre et de Thomas Corneille, et c'est celui sur lequel a été faite la description que l'on trouve ici. Les théâtres de Racine, de Quinault et de Molière, sont également décrits. Nous ne nous astreindrons cependant pas à indiquer toutes les pièces de théâtre, imprimées isolément, dont nous aurons eu connaissance. Ces pièces sont assez nombreuses; mais quand elles ne forment pas un corps d'ouvrage, elles ne méritent qu'une médiocre attention.

Toutes les fois qu'il y a eu plusieurs éditions d'un même ouvrage, en les indiquant toutes d'une manière suffisante, nous avons décrit seulement celle que l'on doit préférer. Nous n'avons fait d'exception que lorsque l'une des éditions se trouvait, ce qui arrive quelquefois, la plus recherchée et la plus chère, bien qu'une autre fût la plus estimée et la meilleure; ou bien encore lorsqu'il y a d'un même ouvrage plusieurs éditions également estimées. Dans ces deux derniers cas, nous avons multiplié les descriptions, en ayant soin, pour la facilité des recherches, d'indiquer toutes les éditions d'un même ouvrage à la suite de la première.

On sentira aisément qu'il nous eût été facile d'étendre beaucoup ce travail; mais nous avons mieux aimé encourir le reproche d'être trop court que de mériter le reproche contraire. Si l'on objectait que nous avons négligé certains livres qui par des circonstances particulières ont été payés fort cher, nous répondrions que nous ne nous sommes attaché qu'à présenter des livres d'une valeur reconnue et habituelle, et que nous n'avons pas dû prendre pour base les résultats peu communs ou du caprice ou de la fantaisie.

Nous espérons n'avoir commis que le moins d'erreurs possible. Cependant nous n'osons pas affirmer que nous en serons complètement exempts, mais aussi elles seront presque toujours dues à la variété des tirages des mêmes éditions, qui fait que ce qui est vrai pour un exemplaire ne l'est pas toujours pour un autre. Nous n'avons jamais indiqué d'éditions que nous n'ayons eu par nous-mêmes la certitude de leur existence, et il en résulte que nous aurons pu quelquefois en omettre, mais jamais en supposer (1). Si un jour cet opuscule devenait susceptible d'être réimprimé, l'on pourrait réparer nos oublis, et cet essai s'en améliorerait d'autant. Nous sommes assuré du moins que la description des exemplaires est fidèle, et que les titres sont exactement rapportés; car nous avons constamment travaillé avec

---

(1) La règle que nous nous sommes imposée de ne parler que des livres que nous avions sous les yeux nous en a fait omettre plusieurs dont l'indication se trouve dans le Manuel de M. Brunet. Malgré l'exactitude habituelle de ce bibilographe, comme il s'est glissé quelques erreurs dans son ouvrage, nous aurions craint de les propager en admettant, sans vérification, les renseignements qu'il nous fournissait. Le lecteur pensera sûrement comme nous, qu'une omission vaut mieux qu'une erreur.

les livres sous nos yeux. Sous ce rapport, ce petit ouvrage différera des bibliographies ordinaires, qui ne sont presque toujours que la copie de bibliographies précédentes, de façon que les erreurs se perpétuent comme les vérités, et, en quelque sorte, en s'appuyant sur elles.

Nous avons trouvé bien peu de ressources dans les anciennes bibliographies, et les catalogues les plus célèbres souvent nous ont offert des indications qu'un examen approfondi nous a fait reconnaître comme fautives. Notre intention n'étant nullement de nous ériger en réformateurs, nous n'avons pas toujours cru devoir signaler ces erreurs, et il nous a suffi de ne pas les partager. On pourrait supposer que les catalogues publiés par les Elzévirs eux-mêmes nous ont été plus utiles, et l'on se tromperait encore. Ces catalogues, en général, n'indiquaient point les livres imprimés par eux, mais ceux qu'ils avaient à vendre, *qui venales extant;* et au milieu de tous ces livres, désignés de la manière la plus succincte, c'est-à-dire seulement par le nom de l'auteur, la date et le format de l'ouvrage, il est bien rare de rencontrer un renseignement dont on puisse tirer quelque profit.

Nous nous plaisons à reconnaître que le *Manuel du Libraire*, de M. Brunet, nous a été plus utile, bien que presque toutes nos notes fussent déja faites quand sa seconde édition a paru. Cet ouvrage, auquel on a reproché amèrement quelques erreurs, et qui en contient sans doute, parce qu'il est impossible que de pareils livres n'en renferment pas, est encore parmi les ouvrages de bibliographie élémentaire ce qui existe de plus exact et de moins imparfait.

P. S. Des circonstances indépendantes de notre volonté ont retardé la publication de cet ouvrage, qui était terminé depuis long-temps lorsque la troisième édition du Manuel de M. Brunet a paru. Nous avons vu avec plaisir dans les nombreuses améliorations que renferme cette édition une partie de celles que nous indiquons ici. Les mêmes recherches ont dû nécessairement nous conduire aux mêmes résultats. Il est cependant une erreur grave que M. Brunet nous paraît avoir commise, et qu'il est impossible de ne pas signaler. A la fin de son quatrième volume, et à la suite de la table des Elzévirs, il indique une liste d'éditions qu'il regarde comme *imprimées* par Abraham Wolfgank. Jusqu'à ce jour ces éditions avaient été attribuées aux Elzévirs. Noûs allons donner les raisons sur lesquelles M. Brunet se fonde pour ne pas adopter cette ancienne opinion, et nous exposerons ensuite celles qui nous paraissent propres à la maintenir.

Selon M. Brunet, la devise *Quærendo* (1) n'a jamais été employée par les Elzévirs; elle appartient à Abraham Wolfgank, imprimeur, qui a exercé avec distinction depuis 1662 jusqu'en 1693, et qui a publié un grand nombre d'éditions où l'on trouve, indépendamment du *quærendo*, plusieurs fleurons remarquables qui ne sont dans aucune édition avec le nom d'Elzévir. Outre ces présomptions, M. Brunet croit trouver des preuves certaines de ce qu'il avance dans les deux faits suivants : en tête du théâtre de P. Cor-

---

(1) Cette devise et le fleuron qui l'accompagne sont assez mal expliqués par M. Brunet. Il n'y voit qu'un renard guettant sa proie au pied d'un arbre. C'est en effet un renard, mais un renard qui cherche à découvrir dans le creux d'un arbre des rayons de miel dont il est très - friand, ainsi que l'indiquent les abeilles qui voltigent autour de sa tête. Cet emblème présente d'une manière ingénieuse l'idée d'un éditeur qui ne néglige aucuns soins ni aucunes recherches pour se procurer des écrits dignes d'être offerts au public.

neille, édition de 1664, il existe un *avis de l'imprimeur au lecteur*, signé Wolfgank; et dans une épître dédicatoire, qui précède le théâtre de Quinault de 1663, on lit ces mots : *Ce sont les œuvres de M. Quinault que je vous offre en qualité de celui qui les a ramassez et imprimez.*

Ces preuves ne sont pas tellement positives qu'on ne puisse en appeler. Nous avouons bien que jamais nous n'avons vu d'édition avec le *quærendo* et le nom d'Elzévir; mais il faut aussi que M. Brunet nous accorde que plusieurs éditions portant le nom de Wolfgank n'ont point ce *quærendo*, et qu'il y est remplacé par des fleurons reconnus pour appartenir aux Elzévirs ; comme, par exemple, dans la *Logique* de Port-Royal de 1675 (1), où le fleuron du titre est une sphère. Si dans plusieurs éditions de Wolfgank on

---

(1) Cette même *Logique* est indiquée dans le catalogue de Daniel Elzévir de 1675, quoique M. Brunet dise positivement le contraire. Ainsi son dernier argument se trouve détruit comme les autres, et il ne reposait que sur une erreur matérielle. Ajoutons que ce catalogue est remarquable en ce que les livres imprimés par les Elzévirs y sont désignés par des lettres italiques, et que la *Logique* s'y trouve avec cette désignation.

trouve, à l'intérieur des volumes, quelques autres
fleurons qui paraissent propres à ces éditions, on
y trouve aussi quelques-uns de ceux que les
Elzévirs employaient le plus habituellement. Les
arguments tirés de ces fleurons ne sont donc pas
décisifs : ils le sont d'autant moins, qu'un fleuron peut être la propriété d'un éditeur, qui le
place en tête de chacun des ouvrages qu'il publie, même lorsqu'il se sert de différents imprimeurs, ainsi que le fait de nos jours M. Renouard,
et que l'ont fait beaucoup d'autres éditeurs, qui
cependant n'ont jamais possédé une presse.

La qualité d'imprimeur, attribuée à Wolfgank
dans l'avis qui se trouve en tête du Corneille,
semble d'abord plus difficile à détruire. Cependant il est possible qu'elle n'ait été donnée que
par une erreur du compositeur, erreur facile à
concevoir dans une imprimerie dont le maître
était souvent lui-même éditeur des ouvrages qu'il
imprimait. Les mots qui se lisent dans l'avertissement du Quinault sont plus faciles encore à
justifier; car rien n'est plus commun que de voir
un auteur ou un éditeur écrire, *j'ai imprimé* telle
chose, pour *j'ai fait imprimer* cette chose. Il est
à remarquer aussi que le nombre des livres qui

2.

portent le nom de Wolfgank est peu considérable. Cependant, d'après l'hypothèse de M. Brunet, cet imprimeur aurait exercé son art pendant plus de trente ans. Peut-on supposer qu'une imprimerie de laquelle seraient sorties d'aussi jolies éditions, se fût bornée à produire seulement un petit nombre d'ouvrages chaque année?

Les motifs allégués par M. Brunet pour fonder son opinion sont, comme on le voit, bien légers, et ne semblent pas suffisants pour détruire l'autre opinion, qui est généralement reçue. Mais outre les raisonnements que nous lui opposons, et qui déja peuvent paraître assez concluants, nous avons découvert à l'appui de cette ancienne opinion une circonstance tout-à-fait décisive.

Mézeray avait obtenu, en 1668, des états de Hollande et de Westfrise, un privilége qui lui permettait, pendant quinze ans, d'y vendre exclusivement son *Abrégé de l'Histoire de France*. Il paraît qu'il négligea de joindre ce privilége aux exemplaires qui furent livrés au commerce, ce qui mit Wolfgank dans le cas de publier, en 1673, une nouvelle édition de cet *Abrégé*. Un procès pouvait résulter de cette espèce de contravention; aussi Wolfgank s'adressa-t-il aux États

pour obtenir la permission de vendre sa réimpression, malgré le privilége accordé à Mézeray.
Les raisons sur lesquelles il s'appuie pour réclamer-
mer cette faveur sont étrangères à la question
qui nous occupe; mais ce qui ne l'est pas, c'est
qu'à la troisième ligne du privilége qu'on lui
accorde, et qui se trouve en tête de son édition, *Abraham Wolffganch* est qualifié, conformément à sa propre demande, de *marchand
libraire d'Amsterdam*. Or la profession d'imprimeur étant plus honorable et plus considérée que
celle de simple libraire, il n'est pas douteux qu'il
aurait pris le titre d'imprimeur, s'il en avait eu
le droit. Ce n'est pas tout : à la vingt-cinquième
ligne de la seconde page du même privilége,
Wolfgank demande à pouvoir *luy seul* FAIRE IM-
PRIMER *ou vendre ledit Abrégé*, etc. Si Wolfgank
n'était que *marchand libraire*, s'il ne demandait
qu'à *faire imprimer*, il n'imprimait donc pas lui-
même, il n'était donc pas *imprimeur*.

D'après tout ce qui précède, nous croyons devoir, malgré l'innovation proposée ou imaginée
par M. Brunet, continuer à attribuer aux Elzévirs
celles des éditions, avec le nom de Wolfgank, qui
portent le cachet de ces habiles artistes.

NOTICE

SUR

LES ELZÉVIRS.

NOTICE

SUR

LES ELZÉVIRS.

Les travaux de l'histoire sont principalement consa-
crés à transmettre à la postérité les hauts faits des
conquérants, les actes éclatants de la puissance des
souverains, les règnes désastreux des tyrans. Les rois
pères de leurs sujets, les chefs de nations administra-
teurs habiles, laissent des souvenirs moins profonds
dans la mémoire des hommes. On profite des institu-
tions qu'ils ont créées, souvent sans connaître à qui
elles sont dues. Si la souveraine puissance employée
dans l'intérêt des peuples ne défend pas de l'oubli, on
ne doit pas s'étonner du peu de traces laissées par de
laborieux savants ou par d'ingénieux artistes, qui ont
consumé leur vie dans d'utiles travaux. Ces travaux, à la
vérité, nous révèlent leur existence ; mais presque toujours nous en ignorons jusqu'aux moindres détails. Cependant l'histoire des inventeurs des arts et des sciences,
et l'étude des progrès et de la décadence des diverses
branches des connaissances humaines, présentent un
intérêt et sur-tout une utilité quelquefois comparables

*

à celle de l'histoire proprement dite. L'oubli dans lequel on a l'habitude d'ensevelir ces modestes bienfaiteurs de l'humanité rend difficiles à réunir les matériaux nécessaires pour composer leur histoire : aussi doit-on quelque reconnaissance aux hommes qui se livrent à de pénibles recherches pour arriver à ce but.

Parmi les arts qui ont contribué à l'amélioration de l'espèce humaine, l'art de l'imprimerie tient sans contredit le premier rang ; nous devons donc honorer ceux qui l'ont cultivé avec succès. Le savant Maittaire était animé de ce sentiment lorsque, au commencement du siècle dernier, il publia la vie des Étienne et celle de quelques autres imprimeurs célèbres de Paris. C'est sûrement à l'accueil favorable que reçurent ces ouvrages, et aux encouragements donnés à leur auteur, que nous devons les *Annales typographici*, qui, malgré quelques défauts et quelques omissions, inévitables dans ce genre de travail, sont encore aujourd'hui le plus utile comme le plus vaste dépôt des connaissances bibliographiques. Ces Annales contenaient des matériaux (1) prêts à mettre en œuvre pour donner une histoire des Aldes, qui illustrèrent l'Italie comme les Étienne ont illustré la France. Rivaux de gloire et de mérite, la destinée de ces imprimeurs fut différente. Les Étienne, en atteignant la célébrité,

---

(1) Ces matériaux ont été employés avec une grande habileté dans l'excellent ouvrage que M. A.-A. Renouard a publié sous le titre d'*Annales des Aldes*, etc.

obtinrent momentanément la fortune; tandis que les Aldes ne recueillirent que la gloire pour tout fruit de leurs travaux. On ne peut lire sans attendrissement l'histoire de la vie, ou, pour mieux dire, des malheurs des trois Manuce, et sur-tout des deux derniers.

D'autres presses, qui sont l'honneur de la Hollande, et dont l'établissement date de la naissance de cette république, roulèrent aussi pendant près d'un siècle, et ne méritent pas moins notre attention. Maittaire, en accordant aux Elzévirs le tribut d'éloges qu'ils méritent, témoigne ses regrets de ne pouvoir parler avec autant d'étendue qu'il le désirerait de la personne de ces imprimeurs et des fruits de leurs presses. Ce qu'il n'a pas pu faire, nous le tentons aujourd'hui; heureux si nos travaux accueillis par les amis de l'histoire littéraire leur paraissent dignes de quelque attention. Ces illustres artistes doivent d'ailleurs nous intéresser à plus d'un égard. Leurs éditions les plus soignées ont été imprimées avec les caractères de Garamond, habile graveur et fondeur, qui florissait sous le règne de François Ier; et le plus beau papier dont ils se soient servi était tiré des fabriques d'Angoulême. A ces titres, nous pourrions donc les revendiquer presque comme des imprimeurs français.

Les poinçons grecs, gravés par Garamond, sont conservés à l'Imprimerie Royale, et ses autres poinçons existent entre les mains des descendants du typographe Fournier. Ces derniers ont servi dans le cours du dix-huitième siècle à imprimer un grand nombre d'ouvrages, parmi lesquels nous nous bornerons à citer la jolie collection des moralistes anciens, publiée par de Bure, en 1782 et années suivantes. En comparant lettre à lettre les notes de cette collection avec les belles éditions in-12, particulièrement de Bonaventure et d'Abraham Elzévir, on parvient facilement à se convaincre que les mêmes caractères ont été employés pour les unes et pour les autres. Ces caractères sont de la dimension connue en typographie sous la désignation de petit-texte. Les caractères d'une dimension supérieure ont également servi aux Elzévirs pour les éditions d'un plus grand format. Et afin qu'aucun doute ne puisse exister à cet égard, nous ajouterons que dans leurs propres catalogues les Elzévirs indiquaient par le nom même de Garamond les nombreuses éditions imprimées avec les caractères de ce graveur.

En 1783, François Ambroise Didot donna une édition in-quarto des *Jardins* de l'abbé Delille, dont le texte était imprimé avec des caractères qu'il venait de faire graver, et les notes avec les caractères de Garamond. L'ancien graveur supporte très-bien la concurrence, et peut-être ne se montrerait-on que juste en lui donnant l'avantage sur son successeur, dont les caractères sont un peu maigres. Depuis cette époque, les caractères d'imprimerie ont éprouvé d'immenses perfectionnements, que l'on doit sur-tout à Firmin Didot, second fils d'Ambroise. Les fils de Firmin suivent les traces de leur père; et désormais l'art typographique peut être considéré comme ayant, à bien peu de chose près, atteint les limites de la perfection dont il est susceptible.

On ne trouve nulle part une notice exacte sur les Elzévirs (1). Baillet n'en compte que quatre, et Lamonoye se contente de remarquer qu'il en a oublié un cinquième. Maittaire lui-même n'a connu que sept Elzévirs; encore ne paraît-il pas bien assuré qu'ils fussent parents. Tout ce qu'il dit à cet égard est vague et peu satisfaisant, et l'on n'y trouve de positif que les éloges mérités qu'il prodigue à ces habiles imprimeurs. Les recherches que nous avons faites dans un très-grand nombre d'ouvrages, tant imprimés que manuscrits, et sur-tout dans les lettres des savants qui travaillaient pour les Elzévirs, ou qui faisaient imprimer leurs ouvrages chez eux, tels que Sarrau, Saumaise, Gronovius, Heinsius, etc.; et, avant tout, l'arbre gé-

---

(1) Le nom de ces imprimeurs célèbres s'écrivait en latin *Elzevirius*. On a fait de ce mot le nom français *Elzévir*, dont l'usage a prévalu, et que l'on emploie le plus ordinairement, quoique cependant à la tête de leurs éditions d'ouvrages en langue française on lise presque toujours *Elsevier*, *Elzevier*, et quelquefois seulement *Elzevir*.

C'est ici le lieu de remarquer le rapport qui existe entre deux mots hollandais, *else*, orme, et, par extension de signification, *bois*; et *vuur*, feu, et le nom des imprimeurs qui nous occupent. Cette espèce d'homonymie explique un emblème que l'on voit dans plusieurs frontispices des éditions elzéviriennes, par exemple, dans ceux de la *Sagesse* de Charron, des *Mémoires* de Commines, etc., et qui consiste dans un petit bûcher enflammé.

néalogique de cette famille, que M. Jean-Jacob Elzévir, autrefois bourguemestre de Rotterdam, a bien voulu nous communiquer, nous ont fourni les moyens de donner la filiation des Elzévirs, et de rassembler sur la personne des imprimeurs que cette famille a produits des détails intéressants qui n'avaient jamais été publiés. On voit par l'arbre généalogique des Elzévirs que cette famille était originaire de Liége, de Louvain, ou peut-être même d'Espagne. Elle était d'une bonne noblesse, et ses armes sont remarquables. Elles ont pour support deux lions d'or; pour cimier, un lion d'or armé d'une croix recroisettée de gueules, le lion tourné à sénestre. Les armes sont d'azur à la croix pleine en talus, cantonné au 1 et 4 d'un lion passant d'or, et au 2 et 3 de trois fleurs de lys d'argent, deux et une (1).

Nous allons examiner, dans l'ordre de leur naissance, les différents membres de cette famille; et nous rapporterons, en parlant de chacun d'eux, les principaux traits qui les concernent. Le premier imprimeur ou libraire qui ait porté le nom d'Elzévir est Louis Ier.

---

(1) Ces armes, que M. Adry tenait de M.-J.-J. Elzévir, ont été gravées pour servir de frontispice à ce volume; et un extrait de l'arbre généalogique contenant ceux des Elzévirs qui ont exercé l'art de l'imprimerie a été imprimé et placé à la fin de cette notice.

LOUIS Ier.

C'est sur une édition d'Eutrope, imprimée en 1592, qu'on trouve la première trace du nom d'Elzévir. Il ne paraît pas certain que ce chef de la famille ait été imprimeur. Sur presque tous les ouvrages qui portent son nom on trouve l'indication d'un autre imprimeur, et sur aucun l'on ne trouve indiqué qu'il ait été imprimé avec les caractères d'Elzévir, *typis Elzevirii*. Dans tous les cas, Louis Ier faisait un commerce fort étendu, car plusieurs des ouvrages qui portent son nom portent aussi celui de différentes villes ; d'où l'on doit conclure qu'il avait des magasins ou entrepôts dans ces villes. On trouve encore le nom de Louis Ier sur des ouvrages imprimés en 1617, en société avec Maire, et postérieurement on ne le retrouve plus, ce qui doit donner à croire que cette époque est celle de sa mort.

L'Eutrope de 1592 offre au frontispice un ange qui tient un livre d'une main et une faux de l'autre; cependant la marque habituelle ou enseigne de Louis est un aigle sur un cippe avec un faisceau de sept flèches accompagné de cette devise, si convenable à une maison de commerce : *Concordiâ res parvæ crescunt.*

Louis Ier a laissé quatre fils, parmi lesquels deux seulement ont suivi la profession de leur père.

MATHIEU ou MATTHYS.

On trouve le nom de ce premier fils de Louis sur la *Castramétation de Stévin* et sur la *Nouvelle fortification par écluses* du même, où il est indiqué comme associé avec Bonaventure Elzévir. Comme on ne trouve plus de vestiges de cette association postérieurement à l'année 1618, date de ces deux ouvrages, et que le nom de Mathieu ne reparaît plus, il est probable qu'il quitta le commerce vers cette époque. Scaliger parle d'un Mathias Elzévir, qui paraît devoir être différent de celui dont nous nous occupons. Mathieu mourut en 1640. Il avait eu cinq fils, au nombre desquels se trouvent Isaac, Abraham et Bonaventure, qui suivirent avec honneur la carrière typographique.

GILLES (Ægidius).

Second fils de Louis Ier, a été seulement libraire. Il exerçait sa profession à La Haye, ainsi que cela résulte de différents ouvrages sur lesquels il est indiqué comme résident en cette ville, et entre autres de l'ouvrage de Linschot sur *la navigation*.

THÉODORE (Elzévir douteux).

Le catalogue, très-souvent fautif, des foires de Francfort annonce le premier volume des *Origines belgiques* de Scrieckius, 1614, in-folio, en flamand, avec cette adresse : *Tot Amsterdam by Theodor Elzevir*. Comme on ne trouve aucun autre indice de ce Théodore, et que sur le second volume de l'ouvrage de Scrieckius, imprimé en 1616, on voit figurer Louis Elzévir, à Leyde, dans le nombre des libraires chez lesquels il se trouve, il est très-présumable que le catalogue de Francfort a commis une erreur, et que ce Théodore n'a jamais existé.

ISAAC.

Isaac, petit-fils de Louis Ier et fils de Mathieu, imprima, dès l'année 1617, différents ouvrages, au nombre desquels on compte ceux de Constantin Porphyrogenète. En 1618, il fit paraître plusieurs autres ouvrages sur lesquels on lit : *Apud Elzevirios*, ou *ex officina Elzeviriorum*, ce qui prouve que dès-lors il existait une association de commerce entre plusieurs frères Elzévirs, ou entre des parents de la même famille. Au nombre des livres dignes d'être remarqués, sortis des presses d'Isaac, se trouve un premier chant de *l'Iliade* d'Homère, en grec. Ce fragment est imprimé *Typis Isaaci Elzeviri, sumptibus Henrici Laurentii*, 1619. Nous ignorons si l'on a donné suite à cet ouvrage, dont le format était petit in-4°. Isaac avait adopté, pendant quelque temps, la devise ou enseigne de Louis Ier. Dans la suite, il prit l'arbre autour duquel une vigne entortille ses branches, avec le solitaire et ces mots : *Non solus* (1). Cette marque fut aussi celle de Bonaventure, d'Abraham et de Jean Elzévir. Cet arbre n'est pas un olivier, comme l'était celui des Étienné, avec ce proverbe des Grecs : *Ne extra oleas* (*ne passez pas les bornes,* parce qu'à l'une des extrémités du Stade étaient plantés des oliviers), mais un orme, autour duquel un cep de vigne entrelace ses rameaux chargés de fruits. Ce symbole d'amitié pouvait représenter l'association des deux frères, les sentiments qui les unissaient plus encore que les liens du sang et les relations du commerce. Le solitaire qui accompagne l'arbre est un autre symbole qui désigne le travail du cabinet, et convient à tout homme de lettres qui peut se dire avec Scipion : *Se nunquàm minùs esse solum quàm cùm esset solus,* et qui recueille alors les plus grands fruits de sa retraite. Le dernier ouvrage sur lequel se trouve le nom d'Isaac est l'*Hymnus Tabaci* de Thorius, 1628, in-4°. On doit croire qu'il est mort cette année ou l'année suivante.

---

(1) Ce fleuron étant en quelque sorte propre aux Elzévirs, et ne se trouvant que sur leurs livres, nous avons cru devoir le faire reproduire avec exactitude, afin de le placer en tête d'un ouvrage qui leur est consacré. Les Elzévirs ont aussi employé le fleuron des Étienne dont on parle ici, et il se voit sur plusieurs de leurs éditions; mais ce n'est que postérieurement à la mort de Bonaventure et d'Abraham.

BONAVENTURE et ABRAHAM.

Une association de plus de vingt-huit ans, qui a jeté les fondements de la gloire des Elzévirs, et qui ne fut rompue que par la mort des associés, ne permet pas de séparer ces illustres frères, qui, comme Isaac, étaient fils de Mathieu. L'arbre généalogique place Abraham le premier; sur les éditions c'est Bonaventure qui occupe le plus ordinairement ce rang; mais il n'est pas sans exemple que son nom soit placé après celui d'Abraham. Nous ignorons quel était l'aîné; nous savons seulement qu'Abraham était né environ un an après le mariage de son père, ce qui déciderait la question, à moins qu'ils ne fussent jumeaux, ainsi qu'il y a plusieurs raisons de le penser, et qu'ils ne soient nés dans le même temps, comme ils sont morts à-peu-près à la même époque.

L'association des deux frères Bonaventure et Abraham fut plus heureuse que celle de Mathieu et de son fils Bonaventure. On a prétendu que la durée de cette association fut l'unique époque des belles éditions des Elzévirs; nous prouverons ailleurs que cette opinion, assez généralement reçue, n'est nullement fondée. Quoi qu'il en soit, la grande célébrité des Elzévirs date de ce moment. Bonaventure et Abraham obtinrent, le 15 mai 1626, le privilége des États de Hollande pour leurs *petites Républiques* (1). Ces espèces de statistiques des

---

(1) Le peu de cas que l'on fait actuellement de ces *Répu-*

différents pays, autrefois fort recherchées, sont tombées aujourd'hui dans un abandon qu'elles ne méritent pas entièrement. Elles renferment en général des détails fort exacts, et sont, comme la plupart des ouvrages de ce temps, faites en conscience. C'est en imprimant cette petite collection que les deux associés préludèrent, pour ainsi dire, aux chefs-d'œuvre de typographie qui ont immortalisé leur nom.

Ils disent en plusieurs endroits, et notamment en tête du César de 1635, qu'en publiant des éditions correctes des meilleurs auteurs de l'antiquité, ils ne cherchent qu'à bien mériter de la république des lettres. Malgré cette protestation, nos deux associés n'ont pu se garantir du reproche d'avoir été avides de gain. On trouve dans la correspondance d'une partie des savants avec lesquels ils étaient en relation des imputations peu favorables sur leur compte; mais s'ils sont accusés par les uns, ils sont défendus par les autres, et l'on peut aisément supposer que ces plaintes n'ont pas de motifs bien graves, et qu'elles sont de la nature de celles que n'ont jamais cessé et ne cesseront jamais

---

bliques nous a autorisés à ne point nous en occuper. On trouve d'ailleurs, dans les *Mémoires de Littérature* de S*** (Sallengre), tome II, page 149, de la seconde partie, un catalogue de toutes ces *Républiques*, avec l'indication des différentes éditions, et de celles que l'on doit préférer. Ce catalogue est fait avec beaucoup d'exactitude, et nous y renvoyons ceux qui pourraient se plaindre de notre omission.

de s'adresser réciproquement les auteurs et les imprimeurs. Le reproche de lenteur pouvait être mieux
fondé. En effet, les Elzévirs étaient extrêmement oc-
cupés, et Abraham et Bonaventure ont donné, à eux
seuls, un plus grand nombre d'éditions que tous les
autres imprimeurs du même nom réunis.

On a accusé bien légèrement les éditions des Elzévirs
d'être incorrectes. J'avoue qu'on peut faire ce reproche
au Virgile de 1636; aussi les amateurs ne le recher-
chent-ils que pour la beauté des caractères, et Heinsius lui-même se plaint-il de son incorrection. C'est
donc à tort que l'on a prétendu dans une édition
stéréotype que ce Virgile était regardé comme très-
correct, quoique, ajoute-t-on, il fourmillât de fautes.
On n'a jamais regardé comme très-correcte que l'édition de 1676, qui sert encore de base aujourd'hui à
toutes les bonnes éditions de Virgile.

Si l'on a blâmé souvent les éditions des Elzévirs sous
le rapport de la correction, elles ont été quelquefois
aussi le sujet d'éloges exagérés. Cependant

> Elles n'ont mérité
> Ni cet excès d'honneur, ni cette indignité.

Elles sont véritablement plus remarquables par la
beauté de leur exécution que sous tous les autres
points de vue. Néanmoins les ouvrages français publiés
par ces laborieux artistes ne sont guère moins cor-
rects que ceux que l'on publiait en France à la même
époque, et les éditions des classiques anciens, à très-

3.

peu d'exceptions près, ne le cèdent à aucunes autres.

Un exemplaire du Pline de 1635, conservé dans l'importante bibliothèque vétérinaire et rurale de M. Huzard, fait connaître, au surplus, de quelle manière les Elzévirs soignaient celles de leurs éditions qui leur en semblaient dignes. Chaque feuillet de cet exemplaire est imprimé d'un seul côté, et découpé ensuite pour être collé sur de grandes pages blanches, de manière à figurer un in-folio à deux colonnes et à marges très-larges. Ces marges destinées à recevoir les corrections de l'éditeur en contiennent en effet un bon nombre, d'une belle écriture, et dont on a fait usage dans l'édition telle qu'elle a été publiée. On peut juger par ce détail de la recherche avec laquelle certaines éditions étaient corrigées, et des résultats que l'on devait obtenir avec de pareils soins.

Les deux frères étaient également habiles dans l'art de la typographie et dans le commerce de la librairie, et ils avaient fait plusieurs voyages pour se perfectionner dans l'un et dans l'autre. Ils n'imprimèrent eux-mêmes qu'à Leyde, et l'on ne trouve que bien peu de livres imprimés ailleurs à leurs frais. Quelques ouvrages imprimés en 1652 portent encore leur nom, mais c'est leur dernière année. Abraham mourut le 14 août 1652, et Bonaventure ne peut lui avoir survécu que bien peu de temps, puisque Ulitius, dans une lettre datée du 6 des ides de novembre 1652, et adressée à Nicolas Heinsius, lui dit : « Vous avez sans doute appris la « mort des deux Elzévirs. » Leur vente se fit le 16 avril

1653, et il paraît que, dans le courant de cette année, les fils de Bonaventure et d'Abraham imprimèrent encore quelques ouvrages sous le nom de leurs pères.

Quelque temps avant de mourir ils s'étaient brouillés avec Saumaise, mais sans que ce fût tout-à-fait de leur faute. Le sujet de la querelle était venu de l'oubli qu'ils avaient fait de lui envoyer à Paris des exemplaires du *Defensio regia* qu'ils venaient d'imprimer pour lui. M. Sarrau les ayant avertis, ils réparèrent leur négligence; mais Saumaise ne la leur pardonna pas, et prit le parti de faire donner par Louis Elzévir d'Amsterdam une nouvelle édition du même livre. Le caractère bouillant de Saumaise aurait permis, même sans ces détails, de penser que tous les torts n'étaient pas du côté des Elzévirs.

Avant de terminer cet article, nous remarquerons que Bonaventure et Abraham Elzévir sentaient bien tout le prix de leurs travaux et le mérite des éditions qu'ils donnaient. Dans l'épître du beau Salluste de 1634, ils disent à Boxhornius : « Nous ne vanterons « pas ici nos ouvrages et l'élégance de nos caractères; « les savants en jugeront ainsi que la postérité. » Ils observent ensuite qu'il ne suffit pas qu'un livre ait un grand mérite du côté de la typographie, qu'il faut de plus que le texte y soit offert avec la plus grande correction. Nous ajouterons que l'immensité de leurs affaires pouvait bien leur faire pardonner un peu d'inexactitude; et que, lorsque l'on considère le nombre et la perfection des ouvrages qu'ils ont publiés, il est difficile de ne pas leur reconnaître des droits incontestables à l'estime et à la reconnaissance de la postérité.

JACOB.

Ce Jacob, qui est encore un des fils de Mathieu, n'est guère connu que par la *Table des Sinus* d'Albert Girard, qu'il publia en 1626, et dont il donna une nouvelle édition en 1629. On ne trouve point de trace de sa postérité sur les registres publics de la ville de Leyde, et il est présumable qu'il est mort sans laisser d'enfants.

JEAN.

L'*Imitation* sans date, un des plus beaux, des plus rares et des plus chers ouvrages des Elzévirs, est imprimé, *Lugduni* (sans ajouter *Batavorum*), *apud Joh. et Dan. Elzevirios*. Après le titre gravé est un faux titre qui annonce que l'édition a été faite d'après le manuscrit autographe de 1441. Cette annonce a donné lieu à une singulière bévue. On a désigné dans le Catalogue de la Bibliothèque du Roi cette édition comme étant de 1441. Par une autre erreur, j'ai vu un exemplaire de ce Catalogue où l'on avait substitué 1641 à 1441. Enfin, comme on voulait à toute force deviner la date de ce livre, De Bure et presque tous les bibliographes l'ont supposée de 1630. Ils se sont encore trompés, et cela parce que l'édition des Elzévirs a été copiée sur une assez jolie édition d'Anvers, donnée par Raphelange, dans laquelle une épître dédicatoire de Jean

Bollandus, jésuite, porte l'année de l'impression de l'ouvrage, qui est 1630, et parce que cette épître a été réimprimée textuellement avec sa date. Cette Imitation ayant été imprimée par Jean et Daniel Elzévir ne peut l'avoir été que pendant qu'ils étaient associés. Or, leur association n'a commencé qu'en 1652. Comme elle a fini en 1654, ou au plus tard en 1655, ce livre doit évidemment avoir paru entre ces deux époques. Nous verrons, à l'article qui le concerne, qu'il est probable que c'est en 1653.

En 1655, Daniel se sépara de Jean et alla se joindre à Louis II, qui s'était établi à Amsterdam. Depuis ce moment, Jean soutint seul l'imprimerie de Leyde, et lui donna, pour ainsi dire, un nouveau lustre. J. de Parival, dans *les Délices de la Hollande*, et Joly, chantre de Notre-Dame, dans son *Voyage à Munster*, font le plus grand éloge de cette imprimerie, la plus belle qui existât après celle de Blaew. Il paraît que l'imprimerie de Plantin, à Anvers, avait été plus remarquable encore, et que c'était la plus considérable et la plus magnifique qu'on eût vue jusqu'alors.

Saumaise, dont le caractère était aussi versatile qu'emporté, s'était déja réconcilié avec les Elzévirs de Leyde; et Jean fut sur le point de se brouiller avec Heinsius, à son occasion, pour avoir mis une grande négligence à imprimer un ouvrage de ce dernier, dans lequel Saumaise était attaqué, tandis qu'il avait imprimé sans difficulté et avec promptitude les ouvrages où Saumaise maltraitait Heinsius.

Les Elzévirs d'Amsterdam, plus prudents que ceux
de Leyde, se lièrent avec Heinsius de l'amitié la plus
étroite, et Jean lui-même, après la mort de Saumaise,
se rapprocha de lui. Il le chargea même de sa part de
faire à Gronovius des propositions très-avantageuses,
s'il voulait se fixer à Leyde et l'aider de ses travaux
dans les belles éditions qu'il se proposait de donner. Il
est fâcheux que cet imprimeur n'ait pas eu le temps
d'achever le projet dont il avait commencé l'exécution
avec tant de succès. Il mourut le 8 juin 1661, à peine
âgé de quarante ans. Quoiqu'il n'ait exercé son art
que pendant dix ans, il a égalé la gloire des plus célèbres imprimeurs de sa famille.

En 1651, Jean Elzévir avait dédié à Balzac l'édition
de ses propres œuvres, et dans son épître signée les
Elseviers, il disait : « L'éguillonnement de M. Conrart,
qui nous a piqué d'honneur en cette occasion, n'a pas
peu servy à nous rendre autant exacts qu'il s'est pu
faire, et de donner un chef-d'œuvre de notre art en
votre ouvrage, pour vous contenter, bien que du reste
nous ne négligions aucun de tous nos auteurs. C'est à
quoi nous nous sommes efforcés, et enfin vous ren-
dons un in-douze pour un in-quarto; et si nous y avons
bien réüssi, notre créance est, que vous nous ferez
de rechef l'honneur de nous employer, etc. » Ce fut
à cette occasion que Balzac leur écrivit la lettre suivante, qu'on me permettra de rapporter ici à cause de
sa singularité, et parce qu'elle sert de réponse à l'épître
dont nous venons de citer un fragment.

A MM. les Elséviers, marchands libraires et imprimeurs à Leyde.

MESSIEURS,

Je vous suis obligé et peut-être plus que vous ne pensez. Le droit de bourgeoisie romaine étoit quelque chose de moins que la faveur que vous m'avez faite, car que croyez-vous que ce soit d'être mis au nombre de vos auteurs? C'est avoir rang parmi les consuls et les sénateurs de Rome; c'est être mêlé parmi les Cicéron et les Salluste. Quelle gloire de pouvoir dire, Je fais partie de cette république immortelle! j'ai été reçu dans cette société de demi-dieux! En effet, nous habitons tous à Leyde sous un même toit. De votre grace, je suis tantôt vis-à-vis de Pline, tantôt à côté de Sénèque, quelquefois au-dessus de Tacite ou de Tite-Live; et quoique j'y tienne peu de place, aussi-bien qu'eux, je ne laisse pas que d'y être fort à mon aise et de m'y plaire en si bonne compagnie. Pour le moins, j'y suis tout entier, encore que j'y sois à l'étroit. Homère, notre patriarche, a bien été plus pressé que moi, et celui qui le logea dans une coque de noix étoit encore meilleur ménager de la matière dont il bâtissoit. L'art s'étend et se resserre avec une égale louange de l'artisan. Il y a eu des ouvriers que les pyramides et les colosses ont mis en réputation. Il y en a eu qui se sont rendus célèbres par des bagues et des cachets. L'histoire ne parle-t-elle pas avec estime d'un chariot à quatre chevaux qu'une mouche couvroit de ses ailes ? Puisque cela est, et que la perfection des ouvrages se trouve plutôt dans le bon usage de l'étoffe que dans sa profusion, je n'ai garde de me plaindre que vous m'avez mis en petit volume; et pour n'être pas in-folio, je n'en suis pas moins,

Messieurs,

Votre très-humble et obligé serviteur,

BALZAC.

Les Elzévirs au surplus méritaient une partie des louanges qu'on leur donne, et l'on aperçoit dans leur correspondance qu'ils comptaient avec raison voir rejaillir sur eux une petite partie de la gloire qu'ils procuraient aux auteurs fameux dont ils publiaient les œuvres.

LA VEUVE ET LES HÉRITIERS DE JEAN.

Quelques ouvrages, tels que la *Somme de Théologie* de Cocceius, portent la souscription *Lugd. Batav. apud viduam et hæredes Joh. Elzevirii acad. Typog.* Il paraît cependant que la veuve et les héritiers de Jean Elzévir renoncèrent bientôt à un état qui avait illustré leur famille. Il paraît même que cette branche de la famille céda son imprimerie aux Elzévirs d'Amsterdam, qui ont effectivement publié plusieurs ouvrages comme étant imprimés à Leyde.

PIERRE Ier (D'UTRECHT).

L'ouvrage de Benjamin Priolo, de *Rebus gallicis*, est imprimé : *Ultrajecti apud Petrum Elzevirium* 1669. L'année suivante, Pierre donne trois autres ouvrages, et nous ne le voyons plus reparaître. Ce silence est suppléé par les lettres de quelques savants, qui font connaître que Pierre était petit-fils de Mathieu ; qu'il n'était pas simplement libraire, puisqu'il a lui-même imprimé différents ouvrages ; enfin, qu'il n'a imprimé et fait le commerce de la librairie que pendant un très-court intervalle de temps.

LOUIS II.

Louis II était fils d'Isaac, et avait été capitaine de vaisseau. En 1637 il avait formé le projet d'établir une imprimerie à Amsterdam ; mais Meursius, dans la correspondance duquel nous puisons ce fait, ne supposait pas qu'il fût assez riche pour exécuter une pareille entreprise, à moins que ses oncles de Leyde, *patrueles Leydenses*, ne vinssent à son secours. Par ces oncles il entend Bonaventure et Abraham, qui en effet habitaient Leyde. En 1638, nous voyons le *Baudii amores* comme se trouvant, *Amstelodami apud Ludovicum Elzevirium ;* mais sur beaucoup d'exemplaires de ce livre on lit : *Lugd. Bat. apud Franciscos Hegerum et Hackium.* Il n'a été véritablement imprimé ni chez l'un, ni chez les autres, et on lit le nom du véritable imprimeur, *Van der Marse*, à la fin du volume. L'imprimerie de Louis II ne prit quelque consistance que depuis 1640. Il imprima seul jusqu'en 1655, et à cette époque Daniel vint se joindre à lui. Louis II mourut vers 1662.

DANIEL.

Daniel eut pour père Bonaventure. Nous avons déja parlé de son association avec Jean, son cousin. Quelques difficultés qu'il eut avec ce premier associé, ou d'autres raisons que nous ignorons, l'engagèrent à quitter Leyde et à venir à Amsterdam. Nous venons de voir que son second associé, Louis, mourut en 1662; Daniel se vit donc chargé seul de tout le fardeau de sa vaste imprimerie; mais les temps étaient bien changés. Si dans les commencements il avait eu lieu de se promettre d'heureux succès, dans la suite les guerres qui ravagèrent la Hollande, et les fléaux de toute espèce qui accablèrent sa malheureuse patrie, lui firent presque perdre courage. En 1678, il se plaignait de ce que les circonstances ne lui permettaient pas de se charger de quelques ouvrages très-importants. Cependant tout le monde s'adressait à lui comme à un imprimeur *majorum gentium*, ainsi que l'appelait Munckèrus. Daniel aurait bien voulu compléter le Cicéron *variorum* dont il avait donné les épîtres familières en 1677. Les fâcheuses circonstances dans lesquelles il se

trouvait l'empêchèrent de mettre la dernière main à
cette grande entreprise. Il ne négligeait rien, d'un autre
côté, pour se procurer dans les pays étrangers ce qu'il
ne trouvait pas dans son propre pays; et il fit pour cela
de nombreux voyages en Angleterre, en France, et
jusqu'en Danemarck. Il avait pour correcteur, dans
son imprimerie, Zetterus, homme aussi recommandable par sa profonde instruction que par ses qualités
personnelles, et dont plusieurs savants ont parlé avec
le plus grand éloge.

Ménage dans l'édition de ses poésies, donnée en
1663, par Daniel, fait un très-grand éloge de cet imprimeur. Voici des fragments de la pièce où il en parle;
elle se trouve page 114 de ce recueil :

> *At, o dulce decus meum, Elzeviri,*
> *Præstantissime quot fuére, quot sunt*
> *Typorum pater elegantiarum.*
> . . . .
> . . . . *Sic decus Elzevirianum*
> *Doctorum volitans per ora vatum*
> *Terras impleat, impleatque cœlum,*
> *Turnebos simul atque Vascosanos,*
> *Et vincas Stephanos, Manutiosque.*

On regardera, si l'on veut, cette pièce de vers, et la
lettre de Balzac que nous avons rapportée plus haut,
comme des compliments d'auteurs dont l'amour-propre
est flatté par d'aussi jolies éditions de leurs ouvrages;
mais on conviendra qu'une grande partie de ces com-

pliments était méritée. Pourtant l'autorité de Ménage,
en supposant même qu'il ait parlé tout-à-fait sérieuse-
ment, n'est pas suffisante pour que son dernier vers
termine les discussions qui pourraient s'élever sur la
prééminence des Aldes, des Étienne et des Elzévirs.

   La marque de Daniel et de son associé était l'olivier
avec Minerve qui tient d'une main son bouclier et de
l'autre un ruban où est la devise, *Ne extra oleas*, que
nous avons expliquée, et que les Étienne remplaçaient
quelquefois par celle-ci : *Noli altum sapere*. Dans le
symbole des Elzévirs, la chouette est au-dessous de la
devise; et cet oiseau, consacré à la déesse qui préside
aux sciences, annonce encore des travaux faits dans le
silence du cabinet, et que la nuit même interrompt à
peine.

   Les temps continuaient à être tellement malheureux,
qu'en 1675 tous les imprimeurs d'Amsterdam se plai-
gnaient de la rareté du papier et de la misère qui ré-
gnait par-tout. Ces circonstances furent sans doute
cause que Daniel n'imprima qu'un petit nombre d'ouvrages depuis 1672 jusqu'à sa mort. Nous remarquerons cependant qu'en 1678 plusieurs ouvrages italiens
sortirent de ses presses.

   Outre la misère qui était extrême dans toute la Hollande, les maladies, et sur-tout les fièvres contagieuses,
commençaient à faire des ravages dans la ville d'Amsterdam. Wetstein le père en fut atteint, et succomba
au mois de septembre 1679. L'année suivante Daniel
en fut attaqué, et le 12 octobre 1680 Grævius écrivait

à Heinsius : « Daniel Elzévir est malade de la fièvre,
« avec cinq personnes de sa maison. » Ces fièvres em-
portaient tous les jours quarante ou cinquante personnes dans la seule ville d'Amsterdam, et Daniel y
succomba au bout de quelques jours de maladie. C'est
à la suite de cet évènement que le même Grævius
écrivait encore à Heinsius : « Nous venons de recevoir
« aujourd'hui la triste nouvelle de la mort de notre
« ami commun, Daniel Elzévir, que nous avons perdu
« hier à midi. La république des lettres fait une grande
« perte ; mais sa famille, dont une grande partie est
« aussi malade, en fait une bien plus grande. »

Daniel passe avec raison pour le dernier de cette
famille qui ait exercé avec succès l'art de l'imprimerie.

On ne pouvait refuser à Daniel la plus grande intelligence et le plus grand soin dans ce qui regardait
l'imprimerie et le commerce des livres ; cependant sa
succession se trouva très-embrouillée à sa mort. Ce
que nous avons dit suffit pour prouver que ce fut
moins sa faute que celle des évènements. En 1681,
Grævius écrivait à Heinsius : « Je crains bien que Da-
« niel n'emporte avec lui toute la gloire des Elzévirs,
« qu'on a vu fleurir pendant tant d'années par un si
« grand nombre de belles éditions qu'ils ont données. »
Il ajoutait qu'on venait d'imprimer un catalogue des
livres qui devaient être vendus à la Haye ; et qu'à la
première inspection, il avait reconnu que c'était des
livres des Elzévirs, ce qui lui avait été confirmé depuis. Cependant les tuteurs des enfants de Daniel

avaient jugé convenable de n'accepter sa succession que sous bénéfice d'inventaire. Relativement à ce fait, le même Grævius écrivait encore : « Cet évènement « désole tous les imprimeurs, qui craignent de perdre « leur crédit après ce qui vient d'arriver à Daniel, *qui* « *hujus corporis princeps erat*, ce qui fait qu'ils ne veu- « lent plus faire d'entreprises considérables ; d'ailleurs « ils rassemblent leurs fonds de tous côtés et les met- « tent en réserve pour la vente d'Elzévir, *in quâ Liviis*, « *Senecis, Tacitis, Justinis, Tulliisque ejus insidiantur.* » Enfin la vente se fit vers le mois de juillet. On crai- gnait que la rareté de l'argent n'y fît tort ; cependant les livres des Elzévirs, du moins ceux qu'ils avaient imprimés, se vendirent plus de deux cent quarante mille francs.

Nicolas Heinsius mourut peu de temps après cette vente, et ne survécut guère à son ami Daniel. Il avait consacré presque tous ses travaux et, pour ainsi dire, sa vie à la gloire des presses des Elzévirs.

Malgré les circonstances pénibles au milieu des- quelles Daniel Elzévir a vécu, il a cultivé son art avec un grand succès, et il s'y est élevé aussi haut qu'au- cun de ses prédécesseurs. Les livres imprimés pendant son association avec Jean Elzévir sont particulièrement remarquables par la beauté de leur exécution ; les vo- lumes d'un petit format qu'il a imprimés seul depuis sont également très-soignés ; mais ce qui, à notre avis, lui assure un rang éminent et peut-être le premier rang dans sa famille, ce sont ses deux admirables édi-

tions du *Corpus Juris civilis* in-8° et in-folio. Cette dernière sur-tout, soit comme difficulté vaincue, soit
comme perfection d'impression, est comparable aux
plus beaux résultats de l'art typographique.

Postérieurement à 1680, quelques successeurs des
Elzévirs ont fait imprimer un petit nombre d'ouvrages;
mais, parmi ces ouvrages, bien peu sont remarquables
sous le rapport de l'art; ils ne le sont pas davantage
par leur contenu, et nous devons observer même que
plusieurs de ces adresses paraissent fausses. Nous pensons que de plus amples renseignements sur ce point
seraient fastidieux, parce qu'ils porteraient sur des
objets d'un trop faible intérêt. Nous donnerons, en
terminant cette notice, un extrait de la généalogie des
Elzévirs, et une liste des personnes de cette famille
qui ont cultivé l'art typographique en Hollande. Ce
n'est pas sans étonnement que l'on apprendra qu'il n'en
existe pas un seul aujourd'hui qui exerce une profession à laquelle cette famille a dû une si grande célébrité.

Nous aurons occasion de remarquer dans le catalogue des ouvrages les plus remarquables que les
Elzévirs ont imprimés, qu'il leur arrivait souvent de
prendre la précaution de déguiser leur nom. Peut-être
trouvera-t-on ici avec plaisir quelques détails sur ces
déguisements. Malgré la liberté dont les Elzévirs jouis-
saient, à l'abri du gouvernement républicain de la
Hollande, ils ne trouvaient pas toujours convenable
que certains ouvrages sortis de leurs presses parussent

sous leur nom, et portassent pour ainsi dire leurs
livrées. Souvent ils n'y mettaient aucun nom d'imprimeur ; quelquefois ils empruntaient les noms d'imprimeurs qui existaient dans d'autres villes, même hors
du territoire des Provinces-Unies. Il n'est pas rare
non plus qu'ils aient employé des noms d'imprimeurs
et de villes imaginaires, ou qui n'ont jamais eu d'existence que dans l'*Utopie* de Thomas Morus. C'est ce
qu'on voit dans l'ouvrage intitulé : *la Pietra del Para-
gone* de Boccalini, qu'ils annoncent être imprimé à *Cosmopoli*, et le *Secretaria di Apollo*, du même, qu'on
suppose publié par *Bocca Franca*. De même la vie de
César Borgia est indiquée comme ayant paru à *Monte-
chiaro*, chez *Jean-Baptiste Veri*. On sent assez les
allusions que les imprimeurs ont voulu faire par ces
noms et par d'autres semblables, tirés du grec, du
latin, de l'italien, etc.

Les Elzévirs, au reste, ne sont pas les seuls qui en
aient usé ainsi, et les imprimeurs où les libraires se
masquent encore tous les jours par des indications ou
sous des noms supposés ; aussi les rédacteurs des catalogues, qui ont quelque habileté, ont-ils soin de les
démasquer, et de désigner ces pseudonymes sous leurs
noms véritables.

Mais quelles raisons ont pu engager les Elzévirs à
se couvrir d'un voile ou à se déguiser ? Voici celles
qui nous ont semblé les plus probables.

D'abord raison de politique : un républicain même,
sur-tout quand il est marchand, comme l'étaient les

Elzévirs, a intérêt à ménager les rois, les princes, les corporations puissantes, les sectes religieuses, etc. Les premiers pouvaient empêcher l'entrée dans leurs états de tous les livres imprimés par les Elzévirs ; les autres pouvaient les interdire dans les congrégations ou les établissements qui se trouvaient sous leur dépendance. Dans un ouvrage sur l'administration de Ferdinand II, imprimé en 1637, et que l'on sait l'avoir été par les Elzévirs, ils préviennent le lecteur qu'ils ont eu des raisons pour ne faire connaître ni l'auteur ni l'éditeur. Ces raisons, qu'ils n'indiquent pas, mais qui sont évidemment des raisons politiques, les ont aussi engagés à garder l'anonyme en publiant les défenses de Fouquet, les ouvrages du baron de l'Isola, payé par l'Espagne pour attaquer les droits de Louis XIV et de la reine, et beaucoup de mémoires particuliers qui se réimpriment aujourd'hui sans danger, mais qui alors auraient pu compromettre gravement ceux qui s'en seraient affichés les distributeurs. Nous n'en citerons qu'un exemple. Le prince de Condé se trouva très-offensé de l'édition, faite en 1644, des Mémoires de Rohan, et ayant découvert qu'elle sortait des presses des Elzévirs, il fit acheter tout ce qui restait en magasin. Mais ceux qui ont l'autorité en main ne paient pas toujours en pareille monnaie, et, dans des cas semblables, les libraires peuvent courir d'autres risques que le rachat ou même que la perte de leur édition.

La bienséance quelquefois n'a pas permis aux Elzévirs d'avouer qu'ils étaient les imprimeurs

4. *

> De satires naïves,
> Des malices du sexe immortelles archives.

Il ne leur convenait pas d'attacher leur nom à des ouvrages auxquels les auteurs eux-mêmes auraient rougi de mettre le leur. Les livres de ce genre qu'ils ont imprimés sont cependant moins nombreux qu'on ne l'avait prétendu, et ils ne paraissent pas, en général, y avoir attaché une grande importance, car presque tous sont d'une exécution fort médiocre.

D'autres fois les intérêts de leur commerce les engageaient à cacher leurs noms, par exemple, quand ils avaient contrefait un ouvrage, ce qu'au surplus ils ne se sont pas permis très-souvent; ensuite, quand ils imprimaient les livres d'auteurs dans lesquels d'autres auteurs, avec qui ils craignaient de se brouiller, étaient attaqués, ainsi que cela arriva pour le *Mare liberum* de Grotius et le *Mare clausum* de Selden, et encore pour le *Defensio populi anglicani* de Milton et pour la *Defensio regia* de Saumaise.

Les raisons qui portaient les Elzévirs à ne point se faire connaître venaient parfois des auteurs eux-mêmes; en voici quelques exemples. Les auteurs de certaines satires amères contre la cour de Rome, contre les Jésuites, ou contre des princes ou des ministres, pour se couvrir d'un voile impénétrable, voulaient qu'on ignorât jusqu'au vrai nom de la ville où l'impression s'était faite, et les Elzévirs se prêtaient prudemment à cette nécessité. C'est ainsi que *le Népotisme*, en fran-

çais et en italien; *il Cardinalismo*, en italien; *Rome
pleurante*, et d'autres ouvrages où l'on attaque vivement la puissance du pape et les mœurs de sa cour,
ont paru ou sans nom de ville, ou sous le nom de
villes étrangères à la Hollande, jusque-là qu'il y a
quelques-unes de ces satires que l'on suppose avoir
été imprimées à Cologne, ville très-orthodoxe; et cela
pour mieux dépayser le lecteur, et narguer, pour ainsi
dire, le tribunal de l'inquisition.

Enfin, lorsque les Elzévirs ont imprimé des livres
relatifs à la religion catholique, il a bien fallu que ces
livres fussent censés avoir paru dans des villes catholiques, puisque la cour de Rome avait condamné, en
général, toutes les éditions des livres sacrés qui pouvaient avoir été données par des calvinistes ou autres
hétérodoxes.

Cette dernière considération nous amène naturellement à parler des Bibles de Cologne. Ces belles éditions, qui paraissaient sous les noms de Gualterius,
Balthazar Egmond, etc., ne pouvaient évidemment
pas avoir été imprimées dans une ville, où l'art typographique était fort reculé, et où l'on n'employait habituellement que de très-mauvais papier. D'un autre
côté, ce nom d'Egmond ne se trouve qu'à la tête de
quelques éditions comparables à ce qu'Amsterdam et
Leyde ont produit de plus beau. Plusieurs savants, et
entre autres Paquot et Lancelot, indiquent dans quelques-uns de leurs ouvrages des livres dont le titre
annonce qu'ils ont paru à Cologne chez Corneille ab

Egmond, comme ayant été véritablement imprimés à Amsterdam chez Blaew. Ce témoignage se trouve encore confirmé dans les lettres du Rossi. Il nous semble naturel d'induire de là que Blaew, en latin *Cæsius*, est l'imprimeur à qui les éditions de ces Bibles sont dues. Cette opinion acquerra une nouvelle force et deviendra presque une certitude, si l'on prend la peine d'examiner la conformité des caractères employés dans ces Bibles et dans des ouvrages qui portent le nom de Blaew, et enfin si l'on remarque que la belle Bible de 1682 et la concordance de 1684 ne peuvent pas être attribuées, comme on l'a souvent fait indûment, à Daniel Elzévir, qui alors était mort depuis plusieurs années. La Bible dont nous venons de parler est beaucoup mieux imprimée que toutes celles qui ont paru sous la rubrique de Cologne, et notamment que celle de 1630, que l'on appelait *Bible des Évêques*, probablement parce qu'étant renfermée sous le moindre volume possible, ils la préféraient aux autres, comme devant moins les gêner. Dans la Bible de 1630, les versets ne sont pas séparés, ce qui en rend la lecture difficile, tandis qu'ils le sont dans celle de 1682.

Nous terminons ici cette notice, en témoignant de nouveau la peine que nous avons éprouvée de ne pouvoir insérer textuellement dans ce volume l'intéressant travail de M. Adry. Nous espérions, quand nous avons commencé à nous occuper de cet Essai, que son ouvrage pourrait bientôt voir le jour, et éclaircir une époque importante et étendue de l'histoire de l'impri-

merie et de la bibliographie. Nous avons la douleur
d'être réduit à donner aujourd'hui des regrets à la
mémoire de ce savant modeste et laborieux. Ses manuscrits on passé dans les mains de M. Sensier, qui un
jour pourra s'occuper de les compléter et de les faire
paraître. La riche collection qu'il possède lui offre à cet
égard de grands avantages, et nous lui devons des re-
mercîments de la complaisance avec laquelle il nous
a permis de la consulter. Pour nous, notre ambition
sera satisfaite, si cet ouvrage, en rectifiant quelques
erreurs, ouvre la carrière à ceux qui seront plus dignes
de la parcourir.

TABLEAU DES ELZÉVIRS,

IMPRIMEURS – LIBRAIRES A LEYDE, LA HAYE, UTRECHT
ET AMSTERDAM, DE 1592 A 1681.

Louis Ier, Elzévir, marié vers 1564, paraît sur l'Eutrope de 1592,
et sur le *Satyræ duæ* en 1617, à Leyde.

1° Matthys ou Matthias, né en 1565, paraît sur le Stevin de 1618, avec Bonaventure; marié en 1591; mort le 6 décemb. 1640, à Leyde.	2° Ægidius (Gilles), sur le Linschot de 1599, à la Haye.

1° Isaac, marié en 1616, imprime depuis 1617 jusqu'en 1626, à Leyde.	2° Arnoût.	3° Abraham, né en 1592; marié en 1621; mort le 14 août 1652, à Leyde.	4° Bonaventure, en société avec son père, en 1618; avec Abraham, en 1626; meurt en 1652.	5° Jacob, marié en 1620, imprime en 1626, à la Haye.

Louis II, marié en 1639; s'établit à Amsterdam vers 1640; meurt en 1662.	Pierre Ier.	Jean, né en 1622; marié en 1647; imprime avec Daniel, en 1652; seul, en 1655; meurt le 8 juin 1661.	Daniel, né en 1617; va joindre Louis, en 1655; meurt le 13 sept. 1680.

Pierre II, conseiller d'Utrecht, imprime en 1669 et 1670.	Daniel, vice-amiral de Hollande, n'imprime point; mais Eva van Alphen, sa mère, imprime de 1661 à 1674.	Louis et Daniel, qui n'impriment point; mais leur mère, Anna Baerning, imprime en 1680 et 1681.

PREMIÈRE PARTIE.

Éditions de format petit in-12.

Nous croyons devoir rappeler que cette première partie est consacrée aux ouvrages de format petit in-12 susceptibles d'être recherchés, soit à cause de leur mérite, soit parce que leur impression est remarquablement belle, soit enfin parce que leur rareté les a fait élever à des prix considérables. Les prix que nous citons sont toujours ceux de très-beaux exemplaires, et ne peuvent nullement s'appliquer à des livres médiocres. Il eût été facile d'étendre le nombre des ouvrages placés ici; nous espérons cependant n'avoir rien négligé d'important.

ESSAI

BIBLIOGRAPHIQUE

SUR LES ÉDITIONS

DES ELZÉVIRS.

1624.

Η ΚΑΙΝΗ ΔΙΑΘΗΚΗ. Novum Testamentum, ex
Regiis aliisque optimis editionibus cum curâ
expressum. Lugduni Batavorum, ex officina
Elzeviriana. 1624. pet. in-12.

Cette édition du Nouveau Testament grec est la première
qui ait été donnée par les Elzévirs. Elle passe pour la plus correcte, et celle de 1633 est regardée comme la plus belle. L'édition de 1658 est estimée à cause des notes de Curcellæus. Les
Elzévirs ont imprimé cet ouvrage huit fois depuis 1624 jusqu'en 1678, savoir : en 1624, 1633, 1641, 1656, 1658,
1662, 1670 et 1678. Aucune de ces éditions ne se vend très-
cher. Cependant un bel exemplaire de celle de 1633, la plus
recherchée des amateurs, a été porté, chez M. de Cotte, jusqu'à 42 fr.

1629.

PUB. OVIDII NASONIS OPERA. Daniel Heinsius textum recensuit. Accedunt breves notæ ex collatione codd. Scaligeri et Palatinis Jani Gruteri. Lugd. Batavorum, ex officina Elzeviriana. 1629. 3 vol. pet. in-12.

Les Elzévirs ont imprimé plusieurs fois les œuvres d'Ovide. L'édition dont nous venons de donner le titre, qui est la première, est aussi la plus recherchée. Les notes de Heinsius se trouvent à la fin de chaque volume. La vie d'Ovide, qui est en tête du premier, est de Lilius Gyraldus. On a suivi le texte de l'édition corrigée par Navagerius et imprimée par Plantin en 1578. C'était la plus correcte qui eût paru jusque alors. On corrigea quelques fautes qui s'y trouvaient encore, au moyen de divers manuscrits, et particulièrement des notes que Gruter avait faites sur les manuscrits de la bibliothèque Palatine. Ces notes furent communiquées par le célèbre Jean Pergens. Les beaux exemplaires de cette édition sont fort rares et se paient très-cher : témoin la vente de Firmin Didot, où il en fut vendu un 129 fr. Les exemplaires ordinaires valent de 20 à 40 fr. Le plus grand que j'aie vu avait 4 pouces 9 lignes de hauteur.

La réimpression d'Ovide donnée en 1661 par Daniel Elzévir contient des notes de Nicolas Heinsius, beaucoup plus étendues que celles de son père. Cette réimpression, quoique moins chère que l'édition originale, est plus estimée des savants. Je crois devoir l'indiquer içi avec quelque détail, et volume par volume, parce que, le texte et les notes étant paginés séparément, il arrive souvent que l'on trouve des exemplaires incomplets.

Tome I. Frontispice. Operum P. Ovidii Nasonis editio

nova. Heinsius Dan. F. recensuit ac notas addidit. Amstelodami, ex officina Elzeviriana. A°. 1661. A la suite du frontispice se trouve un titre imprimé portant la date de 1658. Le volume se compose en outre de 11 feuillets de pièces liminaires, non chiffrés, ayant au verso du dernier l'effigie d'Ovide; de 234 pages de texte et de 538 pages de notes.

Tome II. Le titre de ce tome porte la date de 1659. Le texte est contenu dans 356 pages; un index non chiffré occupe 5 feuillets, et les notes 465 pages.

Tome III. La date de ce volume est la même que celle du frontispice, c'est-à-dire 1661. Les pièces liminaires comprennent 8 feuillets, le texte 365 pages, et les notes 432.

Quintus Horatius Flaccus. Accedunt nunc Danielis Heinsii de Satyra Horatiana libri duo, in quibus totum poetæ institutum et genius expenditur. Cum ejusdem in omnia poetæ animadversionibus, longè auctioribus. Lugd. Batav., ex officina Elzeviriana. 1629. 3 part. pet. in-12.

Le texte d'Horace forme la première partie, les notes d'Heinsius la seconde, et enfin le traité *de Satyra Horatiana* la troisième. Chaque partie doit avoir un titre particulier imprimé (1); et en outre un frontispice, gravé, précède les pièces liminaires, qui se composent ainsi qu'il suit : Dédicace

----

(1) M. Brunet croit à tort que le premier titre imprimé n'appartient qu'aux exemplaires où se trouve le texte d'Horace seul. S'il existe de ces exemplaires, nous pensons qu'ils doivent être imparfaits ; mais, dans tous les cas, ce titre est nécessaire à tous les exemplaires, quels qu'ils soient; car sans lui le texte commencerait par la page 3, et il n'y aurait point de pages 1 et 2.

de Daniel Heinsius *Dominico Molino*, *Senatori Veneto*, etc.;
ode du même au même; *Veterum Scriptorum de Horatio
judicia.*

Le frontispice gravé porte la date de 1629, et le titre suivant celle de 1628. Le titre des notes est, comme le frontispice, à la date de 1629, et il n'y a qu'un faux titre sans date
pour le traité *de Satyra Horatiana.* Il n'y a point d'index à
cette édition, dont les exemplaires bien conservés sont fort
rares. Il en a été vendu un 60 fr. chez M. Caillard, et un autre
67 fr. chez M. Jourdan. Ce dernier était haut de 4 pouces
10 lignes.

QUINTI HORATII FLACCI POEMATA. Scholiis sive
annotationibus instar commentarii illustrata, a
Joanne Bond. Editio nova. Amstelodami, apud
Danielem Elzevirium. 1676. pet. in-12.

Cette jolie édition est fort estimée et habituellement chère.
A la vente de Firmin Didot, un exemplaire broché fut vendu
200 francs. Là même année 1676, Daniel Elzévir imprima,
dans le format in-16, une très-jolie petite édition qui ne
contient que le texte d'Horace tel qu'il avait été donné par
Heinsius, et qui n'est point commune. Nous croyons devoir
en donner le titre :

QUINTUS HORATIUS FLACCUS, Daniel Heinsius ex
emendatissimis editionibus expressit et repræ-
sentavit. Amstelodami, apud Danielem Elzevirium. 1676. pet. in-16.

1630.

JO. BARCLAII ARGENIS. Editio novissima. cum
clave. hoc est nominum propriorum elucida-

tione hactenus nondum edita. Lugd. Bat. ex officina Elzeviriana. Anno 1630. pet. in-12.

Les Elzévirs ont imprimé cet ouvrage deux fois sous la même date. La première édition, et la mieux imprimée, contient 690 pages, y compris les pièces liminaires, mais sans la table des matières; et la pagination comprend le frontispice gravé. L'autre contient 708 pages sans la table, et la pagination ne commence qu'après les pièces liminaires. Ces imprimeurs ont encore donné deux autres éditions de ce roman en 1655 et en 1672, mais elles sont fort inférieures aux précédentes. Le *Discursus de autore scripti, et judicium de nominibus Argenidœis*, qui est en tête de ce volume, a été composé par Christophe Forstner, savant allemand. Les ouvrages de Barclai, autrefois très-recherchés, le sont bien moins aujourd'hui, et ce n'est en quelque sorte que par habitude que l'on continue à les placer dans la collection des livres précieux imprimés par les Elzévirs. Ce volume n'a qu'une valeur ordinaire.

1633.

Q. Curtii Rufi Historiarum libri, accuratissime editi. Lugd. Batavorum, ex officina Elzeviriana. Anno 1633. pet. in-12.

Cet historien a été imprimé plusieurs fois par les Elzévirs sous la date de 1633. Celle de ces impressions qu'on regarde comme la première, et qui est la plus recherchée, se reconnaît à ce qu'elle contient 364 pages sans l'index, et à ce que la figure qui représente le temple de Jupiter Ammon se trouve à la page 81; de plus les pages n'ont que 35 lignes. Dans les réimpressions, le temple de Jupiter ne se trouve pas à la même page, le nombre des lignes est plus considérable, et

conséquemment celui des pages l'est moins. Ces éditions sont
dédiées par Bon. et Abr. Elzévir à Constantin Hugens; la
dédicace est suivie de *Testimonia*, qui le sont eux-mêmes
d'un avis au lecteur; et après le texte de Quinte-Curce sont
des corrections de *Janus Rutgersius*, par qui l'édition a été
soignée. Il existe une réimpression de cet auteur sous la date
de 1660; mais, quoique faite par les Elzévirs, elle n'est ni
belle ni recherchée.

L'édition originale qui vient d'être indiquée est rare, et se
trouve sur-tout difficilement en bon état. Un exemplaire
médiocre a été vendu 30 francs chez Chénier. Les beaux
exemplaires doivent avoir 4 pouces 8 à 9 lignes de haut.

1634.

C. Sallustius Crispus, cum veterum historico-
rum fragmentis. Lugduni Batavorum, ex officina Elzeviriana. Anno 1634. pet. in-12.

Cette édition est dédiée par Bon. et Abr. Elzévir à Marcus
Zuerius Boxhornius, qui en a soigné le texte. Elle a été imprimée trois fois sous la même date. Celle de ces impressions
que l'on regarde comme la première, et qui est en effet la
plus belle, est aisée à reconnaître en ce qu'elle a 12 feuillets
de pièces liminaires, 310 pages de texte, et 19 feuillets de
florilegium et d'*index*; tandis que les réimpressions ont chacune seulement 8 feuillets de liminaires, 310 pages de texte,
et 17 feuillets pour le *florilegium* et l'*index*. L'une de ces
réimpressions est préférable à l'autre, et diffère même bien
peu de l'édition originale. C'est celle qui a pour cul-de-lampe,
à la page 216, une tête de Méduse. Un bel exemplaire de la
première édition doit avoir 4 pouces 8 à 9 lignes. Des exemplaires de cette taille ont été vendus 54 francs chez M. de
Cotte, et 60 francs chez M. Caillard.

Il existe une autre édition d'Amsterdam, *ex officina Elzeviriana*, sous la date de 1658. Elle est fort inférieure aux précédentes.

C. CORNELIUS TACITUS ex J. Lipsii accuratissima editione. Lugduni Batavorum, ex officina Elzeviriana. 1634. pet. in-12.

C. CORN. TACITUS ex J. Lipsii editione cum not. et emend. H. Grotii. Lugduni Batavorum, ex officina Elzeviriana. 1640. 2 vol. pet. in-12.

Dès 1621 il avait paru une édition de Tacite, sortie des presses elzéviriennes. Mais ces imprimeurs, si habiles et si célèbres depuis, n'imprimaient alors que fort médiocrement, et cette édition ne vaut pas qu'on la tire de l'oubli où elle est tombée. L'édition de 1634 est fort belle et très-recherchée, cependant peut-être devrait-on préférer celle de 1640, qui est également belle, à cause des notes que Grotius a jointes à la fin du second volume. Il est utile de vérifier si à la suite du premier volume de cette dernière édition se trouve un tableau ayant pour titre *Stemma Augustæ domus*, qui manque quelquefois. Le format de l'édition de 1640 est un peu plus grand que celui de l'édition de 1634. Cette dernière doit avoir 4 pouces 8 à 9 lignes, et l'autre près de 5 pouces. Un exemplaire de l'édition de 1640 a été vendu 80 francs chez Firmin Didot, ce qui est un prix excessif. L'édition de 1634 ne vaut guère que la moitié de cette somme.

TITI LIVII HISTORIARUM LIBRI ex recensione Heinsiana. Lugd. Batavorum, ex officina Elzeviriana. Anno 1634. 3 vol. pet. in-12.

TITI LIVII HISTORIARUM LIBRI ex recensione J. F.

Gronovii. Lugd. Batavorum, ex officina Elzeviriana. 1645. 3 vol. petit in-12. — Joh. Fred.
Gronovii ad T. Livii Patavini libros superstites
notæ. Accessit Ismaelis Bullialdi epistola de
solis defectu, cujus Livius lib. xxxvii meminit.
Lugd. Batav. ex officina Elzeviriorum. 1645.
pet. in-12.

Titi Livii Historiarum quod extat ex recensione
J. F. Gronovii. Amstelodami, apud Danielem
Elzevirium. 1678. In-12.

Quatre éditions de cet historien ont été imprimées par les
Elzévirs; savoir les trois qui viennent d'être indiquées et une
quatrième sous la date de 1653. La première de ces éditions
est mieux imprimée que les deux suivantes, et elle est d'une
justification et d'un format plus petits, ce qui la rend aisée
à distinguer. Elle n'a que 35 lignes à la page, tandis que
celles de 1645 et de 1653 en ont 36. Cette édition de 1634
est celle que les amateurs recherchent le plus; cependant il
convient, pour former une collection, d'avoir aussi celle de
1645, tant parce qu'elle a été revue par Gronovius que parce
qu'elle passe pour plus exacte et plus correcte.

L'édition de 1653, dont le titre gravé porte la date de
1654, est moins belle encore que celle de 1645, dont elle est
la réimpression; aussi n'est-elle point recherchée. Le papier
sur lequel elle est imprimée est plus grand que celui de l'édition de 1645.

Le volume de notes de Gronovius, que nous avons indiqué
à la suite de son édition, y ajoute un intérêt de plus. Il nous
reste à parler de l'édition de 1678, qui renferme en un seul
volume ce qui est contenu dans les trois de 1645. Cette édition est un véritable tour de force typographique. Elle est

imprimée à deux colonnes, et avec des caractères d'une excessive finesse et d'une grande netteté. Il faut avouer cependant qu'elle est plus curieuse qu'utile ; car bien peu de gens auraient des yeux susceptibles de lire de suite un tel livre.

Un exemplaire dé l'édition de 1634, haut de 4 pouces 8 lignes, a été vendu 80 francs chez M. Caillard ; l'édition de 1645, qui doit avoir environ 4 pouces 10 lignes, ne vaut pas plus de 40 francs ; et quant à celle de 1678, un exemplaire qui était haut de plus de 5 pouces 6 lignes a été porté au prix de 48 francs chez Firmin Didot.

1635.

C. Julii Cæsaris quæ extant ex emendatione Jos. Scaligeri. Lugduni Batavorum, ex officina Elzeviriana. Anno 1635. pet. in-12.

Bon. et Abr. Elzévir ont dédié cette édition à Jacob Skytte. Ils l'ont réimprimée trois fois sous la même date. La première de ces impressions se reconnaît, indépendamment de sa beauté, à deux têtes de buffles placées au commencement de l'épître dédicatoire et du texte des commentaires, et à une faute de pagination qui consiste en ce que la page 149 est numérotée 153. Cette première édition est certainement une des plus belles des Elzévirs. La seconde impression, sous la même date, est encore assez belle, quoique moins que la première. Le buffle se trouve en tête des commentaires, mais on lui a substitué une autre vignette au commencement de l'épître dédicatoire ; il n'y a point de faute de pagination ; et enfin l'index est imprimé en petit caractère romain, tandis que dans la précédente et dans la suivante il est en caractères italiques. Cette seconde impression a été faite sur un papier plus grand, et les pages ont 37 lignes au lieu de 35 qu'elles ont dans la première. La troisième impression de

5.

1635 se reconnaît aisément à ce qu'on n'y a point employé la tête de buffle, et à ce qu'à la fin de l'épître dédicatoire le mot *generoso* est divisé en deux parties. Il existe encore deux éditions du même auteur, données par les Elzévirs en 1661 et en 1675, mais elles ne sont nullement recherchées.

Les plus beaux exemplaires de la bonne édition du César de 1635 exposés en vente depuis quelques années ne portent pas tout-à-fait 4 pouces 9 lignes, et leur valeur est d'environ 60 à 80 francs. Un très-bel exemplaire, haut de 4 pouces 10 lignes, et qui se trouve à la Bibliothèque Royale, a été poussé jusqu'à 160 francs à la vente de Gouttard.

P. TERENTII COMOEDIÆ SEX ex recensione Heinsiana. Lugd. Batavorum, ex officina Elzeviriana. A°. 1635. pet. in-12.

Les Elzévirs ont imprimé Térence au moins deux fois sous la date de 1635. L'édition que les amateurs recherchent, et qui est évidemment la plus belle, se reconnaît aux remarques suivantes : l'épître dédicatoire d'Heinsius à J. de Laet a en tête un masque ou tête de buffle, elle est suivie immédiatement de *Testimonia* à la fin desquels se trouve l'effigie de Térence. La dissertation d'Heinsius sur Plaute et Térence vient après, et enfin la vie de Térence termine ces pièces liminaires, qui sont contenues dans 23 feuillets ou 46 pages. Le texte de Térence occupe les 304 pages suivantes. La page 101 est par erreur cotée 69, et la page 104, 108. Enfin l'index, qui comprend quatre feuillets, termine le volume.

Dans une autre édition sous la même date, les pièces liminaires sont imprimées dans un ordre différent : l'effigie de Térence est à la fin de ces pièces et fait face à la première page de l'*Andria,* et on ne trouve pas les fautes de pagination que je viens d'indiquer.

Je n'ose pas affirmer qu'il y ait une troisième édition sous cette date, quoique je la trouve indiquée dans un catalogue manuscrit, de M. Barrois l'aîné, habituellement très-exact. On y dit que dans l'une des réimpressions de 1635, à la page 51, le nom d'un des acteurs de l'Eunuque (*Laches*) est imprimé en noir, ainsi que le mot *Prologus* au commencement de chaque pièce; tandis que dans l'autre ce même nom d'acteur est imprimé en rouge comme tous les autres, pendant que le mot *Prologus*, page 54, est en rouge aussi. J'ai entre mes mains deux exemplaires, qui sont évidemment du même tirage, dans lesquels se trouvent ces différences. Il y a plus, le mot *Prologus* de la page 54 est en rouge dans les deux, tandis que le mot *Laches* est rouge dans l'un et noir dans l'autre. Ces différences proviennent sans doute de la négligence de l'ouvrier imprimeur, et ne constatent point suffisamment l'existence de cette troisième édition.

Les Elzévirs ont encore imprimé Térence en 1661. On reconnaît facilement cette édition, indépendamment même de la date, à ce que les noms des acteurs y sont imprimés en noir au commencement de chaque pièce, au lieu de l'être en rouge, comme dans les éditions précédentes. Elle est d'ailleurs beaucoup moins bien exécutée.

Un exemplaire de Térence, d'édition originale, qui a 4 pouces 8 lignes est grand de marge; et dans cet état, il se paye jusqu'à 40 francs. Il en a même été payé un 66 francs à la vente de Mac-Carthy.

C. PLINII SECUNDI HISTORIÆ NATURALIS LIBRI XXXVII.
Lugduni Batavorum, ex officina Elzeviriana. 1635. 3 vol. pet. in-12.

Cette édition a été donnée par Jean de Laet, qui l'a revue exactement sur les éditions précédentes, et particulièrement sur celle de Cl. Saumaise. Il entreprit ce travail à la sollicitation des Elzévirs, et le dédia à Jérome Bignon, avocat-général au parlement de Paris. Les Elzévirs n'ont imprimé qu'une fois l'Histoire naturelle de Pline de format petit in-12. C'est une de leurs plus jolies éditions, et les beaux exemplaires en sont rares et chers. Il en existe un dans le précieux cabinet de M. Renouard qui a 4 pouces 11 lignes de hauteur. Il a été acheté à la vente de M. de Delatour, en 1809, 250 francs (1).

1636.

P. Virgilii Maronis Opera; nunc emendatiora. Lugd. Batavor. ex officina Elzeviriana. A°. 1636. pet. in-12.

Cette édition a été revue par Daniel Heinsius, qui l'a dédiée à Nicolas Heinsius son fils; elle est précédée de la vie de Virgile par Tib. Cl. Donat. Les Elzévirs l'ont réimprimée sous la même date; mais il est aisé de reconnaître l'édition originale à un fragment de lettre à Auguste qui précède les Bucoliques, et à une dédicace qui est en tête de l'Énéide, lesquels y sont imprimés en rouge, tandis qu'ils sont en noir dans la réimpression. Ce volume est un des plus rares et des mieux imprimés de la collection des Elzévirs, mais il est peu correct. De beaux exemplaires doivent avoir 4 pouces 8 à 9 lignes de hauteur, et, quand ils sont bien conservés, ils ne valent guère moins de 60 à 80 francs. Un exemplaire même qui avait quelques raccommodages, mais dont les marges étaient de 4 pouces 10 lignes, a été porté chez M. de Cotte jusqu'à 120 francs.

---

(1) Voyez, relativement à cette édition, l'article de Bonaventure et d'Abraham, dans la notice sur les Elzévirs.

P. Virgilii Maronis Opera. Nic. Heins. Dan. F.
e membranis compluribus iisque antiquissimis
recensuit. Amstelodami, ex officina Elzeviriana.
A°. 1676. petit, moyen ou grand in-12.

Daniel Elzévir a donné cette édition, qui est beaucoup
moins belle que la précédente, mais qui passe pour fort correcte, et pour avoir servi de base à la plupart des éditions
imprimées depuis. Il en existe trois papiers ; le premier est de
la grandeur ordinaire des éditions d'Elzévirs petit in-12, et,
quoique assez peu commun, il ne vaut guère que 20 à 30 fr. :
le second a 6 pouces 3 à 4 lignes de haut ; il est rare, et s'est
vendu 120 francs en 1808 : le troisième papier est beaucoup
plus fort et beaucoup plus grand que les deux autres. Un
exemplaire de ce dernier, haut de 6 pouces 10 lignes, et
large de 3 pouces 10 lignes et demie, d'ailleurs parfaitement
conservé, a été payé chez Firmin Didot 366 francs. La carte
de la navigation d'Énée manque quelquefois, mais alors les
exemplaires sont incomplets.

Des. Erasmi Roterod. Colloquia nunc emendatiora. Lugd. Batavorum, ex officina Elzeviriana. Anno 1636. pet. in-12.

Cette édition, qui est la première imprimée par les Elzévirs, est aussi la plus belle et la plus recherchée. Elle contient 672 pages, non compris les pièces liminaires, qui con-
sistent en une dédicace de Bonaventure et Abraham Elzévir
à Jérôme Backer, au haut de laquelle est la tête de buffle ;
en divers jugements en prose et en vers sur les Colloques
d'Érasme, par J. Sleidan, J. C. Scaliger, Jean Second et
G. Cognat ; en la vie d'Érasme par lui-même, un index des
Colloques, et enfin une épître de D. Érasme à J. E. Froben.

Au revers de la dernière page de ces liminaires est la gravure d'une médaille représentant Érasme, au-dessous de laquelle sont des vers latins en son honneur. Le volume est terminé par une partie séparée de 44 pages, intitulée ainsi qu'il suit: *Coronis apologetica pro Colloquiis Erasmi, ex ipsius scriptis, quantum per otium licuit, fideliter collecta a P. S. Accedit ejusdem de Colloquiorum utilitate dissertatio.* Les Colloques ont été réimprimés en 1643. Cette réimpression contient le même nombre de pages que l'édition originale, que l'on distinguera néanmoins à ce qu'il n'y a pas de buffle en tête de l'épître dédicatoire à Backer, dans l'édition de 1643, et à ce qu'il s'en trouve au contraire un en tête de l'épître à Froben, lequel ne se trouve pas dans l'édition de 1636. Les Elzévirs ont encore donné une édition des Colloques en 1663, mais elle est bien moins belle et bien moins recherchée que les deux précédentes.

Cet ouvrage ne sort pas beaucoup de la classe des livres ordinaires; cependant des exemplaires bien conservés se sont vendus 18 francs 50 centimes chez M. Delatour, et 24 francs chez M. Caillard.

1637.

Euphormíones Lusinini sive Joannis Barclaii Satyricon partes quinque cum clavi. Accessit conspiratio Anglicana. Lugd. Batavorum, apud Elzevirios. A°. 1637. pet. in-12.

Cette édition est la première et la plus recherchée de celles imprimées par les Elzévirs. Elle contient 717 pages, compris même le frontispice. Les éditions suivantes sont moins estimées. Elles ont paru, en 1655, à Leyde, et, en 1658 à Amsterdam. Le titre indique à tort le *Satyricon* comme composé de cinq parties. Il est contenu dans les deux premières; la troisième en l'*Apologia Euphormionis*; la quatrième, *Icon animarum*; et enfin la cinquième, qui n'est pas même de Barclai, est intitulée : *Alithophili Veritatis Lacrimæ. sive Euphorm: Lusinini continuatio.* Cette cinquième partie est l'ouvrage de *Claude Barthelemy Morisot*, de Dijon. C'est une satire très-vive, mais informe, contre les Jésuites, qui obtinrent, le 4 juillet 1625, arrêt du parlement de Dijon pour la faire brûler par la main du bourreau. Cet ouvrage, comme l'*Argenis* du même auteur, ne vaut aujourd'hui qu'un prix médiocre.

1638.

L. Annæus Florus. Cl. Salmasius addidit Lucium Ampelium, e cod. M. S. nunquam antehac editum. Lugd. Batav. apud Elzevirios. 1638. pet. in-12.

Les Elzévirs ont imprimé sous cette date deux éditions qui contiennent le même nombre de pages et qui se ressemblent beaucoup. Celle que l'on recherche le plus se reconnaît à ce que les deux vignettes qui sont en tête de l'épître dédicatoire et du texte de Florus sont différentes, tandis que dans l'autre elles sont pareilles. Il y a encore deux éditions sous les dates de 1657, par Jean Elzévir, et de 1660, par Daniel; mais elles ne sont ni aussi belles ni aussi recherchées que les précédentes. Les beaux exemplaires de l'édition originale sont hauts de 4 pouces 10 lignes, et valent environ 20 francs.

Dominici Baudii Amores, edente Petro Scriverio, inscripti Th. Graswinckelio, equiti. Lugduni Batavorum, apud Franciscos Hegerum et Hackium. 1638. pet. in-12.

C'est à tort que l'on place ce volume au nombre des livres imprimés par les Elzévirs. A la vérité quelques exemplaires portent leur nom sur le titre; mais c'est comme libraires et non comme imprimeurs. Ce qui le prouve, c'est qu'on lit sur le dernier feuillet de cet ouvrage : *Lugduni Batavorum, Typis Georgii Abrahami Vander Marse,* 1638. Nous nous sommes conformés à l'usage, en comprenant ici ce volume qui, bien qu'assez mal imprimé, est assez rare et recherché. Les beaux exemplaires doivent dépasser 5 pouces 3 lignes, et alors ils valent, comme chez MM. d'Hangard et Caillard, au moins 36 francs.

Anatomie de la Messe. Où est montré par l'Escriture-Saincte, et par les témoignages de l'ancienne église, que la messe est contraire à la parole de Dieu et éloignée du chemin du salut. Par Pierre du Moulin, ministre de la parole de Dieu en l'église de Sedan, et professeur en théologie. Troisième édition revue et augmentée. A Leyde chez Bonaventure et Abraham Elsevier. 1638. pet. in-12.

Ce volume doit à sa rareté de figurer dans cette collection, car il est, sur-tout aujourd'hui, d'un intérêt peu général. C'est un des ouvrages imprimés par les Elzévirs que l'on rencontre le plus difficilement. Il se vend de 20 à 30 francs. Un exemplaire fort ordinaire a été payé 28 francs à la vente de Chénier, et un autre 99 francs chez M. Mac-Carthy.

1639.

M. Velleius Paterculus. Cum notis Gerardi

Vossii G. F. Lugd. Batavorum, ex officina Elzeviriana. 1639. deux part. 1 vol. pet. in-12.

Le texte occupe la première partie et les notes la seconde.
Il existe deux éditions sous cette date; mais il paraît inutile
de faire connaître les signes qui les distinguent, car elles
sont également estimées, et l'on ne fait aucune différence
entre elles. Les Elzévirs ont réimprimé Velleius Paterculus
en 1654, 1664 et 1678. Ces éditions, dont la dernière a été
revue par Nicolas Heinsius, ne sont ni belles ni recherchées.
Un exemplaire de l'édition de 1639 a été vendu 13 fr. chez
M. Caillard.

1640.

JUSTINI HISTORIARUM EX TROGO POMPEIO LIB. XLIV.
Cum notis Isaaci Vossii. Lugd. Batavorum, ex
officina Elzeviriana. Anno 1640. pet. in-12.

Il existe deux éditions de Justin sous cette date. L'une est
précédée d'une épître dédicatoire d'Is. Vossius à Thuronus
Bielke, qui n'est pas dans l'autre; mais celle-ci a des sommaires en tête de chaque livre, qui ne se trouvent pas dans la
première. Ces éditions se composent l'une et l'autre de pièces
liminaires non paginées, du texte de l'historien, des notes de
Vossius paginées séparément, et de la table des matières. On
les recherche également: cependant, quoiqu'en dise M. Brunet, l'édition avec les sommaires doit être préférée à l'autre.
Cela est si vrai, que c'est celle que l'on a suivie dans les différentes réimpressions qui ont été faites. Cette dernière édition a un plus grand nombre de pages que l'autre, et elle
paraît imprimée sur papier un peu plus grand. J'en ai vu un
exemplaire haut de 4 pouces 10 lignes. Ces deux éditions se

sont vendues dans ces derniers temps de 20 à 24 francs dans les ventes publiques.

Les Elzévirs d'Amsterdam ont réimprimé le Justin avec les sommaires en 1656 et 1673. Ces éditions sont beaucoup moins recherchées que les premières, et par conséquent beaucoup moins chères.

C. Plinii Cæcilii Secundi Epistolarum libri x et Panegyricus. Accedunt variantes lectiones. Lugd. Batavorum, ex officina Elzeviriana. 1640. pet. in-12.

Cette édition, la première que les Elzévirs aient donnée, est aussi la plus belle et la plus estimée. Contre l'habitude des livres qu'ils publiaient à cette époque, elle ne contient qu'un titre imprimé, et n'a point de frontispice gravé. Elle est dédiée par Bon. et Abr. Elzévir à J. de Laet. Après l'épître dédicatoire, on trouve une préface en caractères italiques, et ensuite deux vies de Pline, la première par Jean-Marie Catanée, et la seconde extraite de ses lettres. A la suite de ces vies est un extrait des commentaires d'Onuphrius Panvinius sur les fastes, et une table alphabétique. Ce volume contient 414 pages, sans comprendre les pièces liminaires ni l'index qui est à la fin. Boxhornius a donné unne nouvelle édition de ces lettres, aussi chez les Elzévirs, en 1653. Elle est encore assez jolie, quoique moins que la première. Cette seconde édition a reparu en 1659, sans aucun changement. Elle contient le même nombre de pages, 404, et est calquée avec beaucoup d'exactitude sur celle de 1653, ce qui a fait supposer faussement à quelques personnes qu'elle était la même, et que le titre seul était changé. M. Brunet dit que l'édition de 1653 est plus correcte que celle de 1640; mais la correction d'une faute de pagination ne suffit pas pour fonder ce qu'il avance, et il se trouve en quelque sorte en contradiction avec lui-même, puisqu'il dit en même temps que la seconde édition est copiée page pour page et ligne pour ligne sur la première. Un bel exemplaire de l'édition de 1640 vaut au moins 20 francs. Il doit avoir environ 4 pouces 9 lignes.

L. Annæi Senecæ philosophi Opera omnia, ex ult. J. Lipsii emendatione : et M. Annæi Senecæ rethoris quæ extant, ex And. Scotti recens. Lugd. Batav. apud Elzevirios. 1640. 3 vol. pet. in-12.

Les Elzévirs ont donné trois éditions de Sénèque, savoir en 1639, 1649 et 1658. Celle-ci, qui est la première et la plus recherchée, a paru sans notes. Le titre du premier volume, qui est gravé, porte la date de 1640, et ceux des deux autres volumes, qui sont imprimés, portent celle de 1639. L'ouvrage aura probablement été imprimé en 1639, et n'aura été publié qu'en 1640. Les éditions de 1649 et de 1658, publiées par Gronovius, contiennent un quatrième volume renfermant des notes.

La première édition est celle que les amateurs placent dans leur collection, et elle est incontestablement la plus belle; mais les deux autres, qui sont belles aussi, ont l'avantage de contenir les notes de Gronovius. Pour unir l'utilité à la beauté de l'édition, on peut joindre les notes de la seconde ou de la troisième édition au texte de la première.

La valeur du Sénèque de 1640 est beaucoup plus considérable que celle des deux autres. Les exemplaires, hauts d'à-peu-près 5 pouces, valent environ 80 francs. Un exemplaire broché a été vendu, avec le volume de notes de 1658 également broché, 435 fr. chez Firmin Didot. Les trois mêmes volumes de Sénèque avaient été vendus dix ans auparavant 216 francs, et les notes 24 francs.

1642.

M. Tullii Ciceronis Opera. Cum optimis exemplaribus accurate collata. 1642. Lugd. Batavorum, ex officina Elzeviriana. 1642. 10 volumes pet. in-12.

Cette édition, qui est dédiée par Bon. et Abr. Elzévir au chevalier Borel, est une des plus belles et des plus exactes qu'ils aient publiées. Ils ont suivi le texte que Gruter donna à Hambourg en 1618, qui est très-correct, et n'ont imprimé qu'une fois dans ce format les œuvres complètes de cet illustre orateur. Il y a deux sortes d'exemplaires du volume des offices, qui ont long-temps été l'objet de discussions sur lesquelles on s'est enfin mis d'accord. Ces exemplaires ne présentent entre eux aucune différence dans le texte jusqu'à la page 238; et tout porte à croire que jusque-là c'est la même édition, dont seulement on aura fait deux tirages; car, si d'un côté, toutes les remarques et tous les défauts de typographie sont communs aux deux espèces d'exemplaires, d'un autre côté les majuscules des signatures sont beaucoup plus grandes dans l'une que dans l'autre. A partir de la page 238, les exemplaires diffèrent entièrement. Dans tous les deux, la pagination recommence par le nombre 229; mais dans ceux où se trouve le *Somnium Scipionis*, le volume se termine à la page chiffrée par erreur 237; tandis que dans les exemplaires où le *Somnium Scipionis* est remplacé par le morceau intitulé *Consolatio*, le volume finit à la page 301, et ce morceau est imprimé en lettres italiques, quoique le reste du volume soit en caractères romains. Ces derniers exemplaires sont ceux qui font partie de l'édition des œuvres; et ce qui le prouve, c'est que le *Somnium Scipionis* se trouvant dans le volume des *Fragmenta*, ferait un double emploi; pendant que le

Consolatio qui, à la vérité, n'est pas de Cicéron, mais qu'on a l'habitude de joindre à ses œuvres, manquerait. Ce volume des offices a été réimprimé à Amsterdam en 1656 et en 1677.

Les beaux exemplaires de cette édition sont rares et ont une valeur considérable. M. Renouard en possède un dont la hauteur est de 5 pouces 1 ligne. A la vente de M. Caillard, un exemplaire moins beau fut vendu 261 francs; à celle de Crevenna, un autre fut porté jusqu'à 440 francs; en dernier lieu, l'exemplaire de M. Mac-Carthy a été payé 277 francs.

Nous ne parlerons point ici de l'excellente édition in-4° donnée en 1661 par Louis Elzévir, parce que cela sort de notre plan. Nous aurons occasion de l'indiquer en détail dans la cinquième partie de cet essai, destinée aux ouvrages d'un format supérieur ou inférieur à l'in-12.

1643.

SULPITII SEVERI OPERA OMNIA QUÆ EXTANT, ex officina Elzeviriana. A°. 1643. pet. in-12.

Cet auteur a été imprimé par les Elzévirs en 1635. Cette première édition, qui ne contient que l'histoire sacrée et sa continuation par Sleydan, a 306 pages, y compris même le titre, et elle est intitulée : *Sulpitii Severi Historia sacra*. Une autre édition, sous la même date, est intitulée : *Sulpitii Severi Opera omnia*. Elle contient, à la suite de l'histoire sacrée, diverses pièces dont nous allons donner la désignation en nous occupant de l'édition de 1643 où elles se trouvent aussi; mais elle renferme de moins que cette dernière la continuation de Sleydan. Elle a 342 pages, plus 5 feuillets non paginés.

Il y a également deux sortes d'exemplaires de 1643; les uns ont un titre imprimé semblable à celui de la première édition de 1635, et ne contiennent que ce qui se trouve dans cette édition; les autres ont un frontispice gravé portant *Opera omnia*, et renferment de plus que les premiers *la vie de saint Martin et les lettres et dialogues de Sulpice Sévère*. Cette édition a 329 pages avec le frontispice, plus à la fin 9 pages non chiffrées pour la *Chronologie de Giselin*. Cette édition est préférable à toutes les autres, parce qu'elle est à-la-fois et mieux imprimée et plus complète. Bon. et Abr. Elzévir avaient donné, dès 1626, une édition petit in-8° de cet historien, qui, bien que devenue rare, n'en est pas plus recherchée.

L'édition de 1643 a été réimprimée en 1656; cette dernière contient tout ce que renferme la précédente; seulement elle est beaucoup moins belle. Un exemplaire complet de 1643, haut de 4 pouces 10 lignes, a été vendu 20 francs en 1817.

La Vie de Messire Gaspard de Colligny seigneur de Chastillon, admiral de France (traduite du latin de Jean de Serres par D. L. H.) à la quelle sont adjousté ses Mémoires (écrits par lui-même) sur ce qui se passa au siége de S. Quintin. A Leyde, chez Bonaventure et Abraham Elzevier. Anno 1643. Deux tom. 1 vol. pet. in-12.

Les mémoires de Colligny occupent le second tome, qui n'a que 88 pages, tandis que le premier, où est contenue sa vie, en a 143, plus quatre feuillets de liminaires. On trouve des exemplaires de cet ouvrage avec la date de 1656 et le nom de Thomas Jolly substitué au nom Elzévier, ce qui provient sûrement de ce que le libraire de Paris aura acheté une partie de l'édition. Dans ces exemplaires même, le se-

cond volume porte toujours, avec le nom d'Elzévier, la date
de 1643.

Les beaux exemplaires de ce livre sont rares et fort chers.
A la vente de M. Caillard, on en a porté un, qui avait près
de 5 pouces de hauteur, au prix excessif de 96 francs.

1644.

Principum et illustrium Virorum Epistolæ, ex
praecipuis scriptoribus, tam antiquis, quam
recentioribus, collectæ. Amsterodami, apud
Ludovicum Elzevirium. 1644. pet. in-12.

Ce recueil, assez médiocrement imprimé, ne l'a été qu'une
fois par les Elzévirs, et est devenu peu commun. Il ne sort
cependant pas beaucoup de la classe des livres ordinaires. Le
texte contient 432 pages, sans comprendre une épître dédicatoire et l'index qui ne sont point paginés.

Jani Ulitii Venatio novantiqua (scire Gratii,
Falisci, M. Aurelii, Olympii Nemesiani, F. Cal-
purnii Siculi) celsissimo Aurausionis principi
Guilhelmo dicata. Ex officina Elzeviriana. A°.
1645. pet. in-12.

Autores Rei venaticæ antiqui cum commentarijs
Jani Ulitii; ad Christinam Augustam. Lugd.
Bat. apud Elsevirios. A°. 1653. pet. in-12.

Cette seconde édition est, quant au texte, la même que la
précédente, avec un titre différent. En la faisant reparaître
sous une nouvelle date, on a fait quelques changements aux

pièces liminaires. Une dédicace en style lapidaire et une épître au prince d'Orange ont été remplacées par une dédicace en même style et une ode à la reine Christine, suivies d'une épître de Janus Ulitius à Nicolas Heinsius. Les *encomia venationis* de 1653, extraits des auteurs grecs, ont été cités textuellement, tandis qu'en 1645 on n'avait cité que leur traduction. Enfin, dans les pièces de vers adressées à J. Ulitius, il y a quelques légères différences. Les pièces liminaires occupent onze feuillets dans l'une comme dans l'autre édition.

Ces changements seraient peu importants ; mais ce qui l'est beaucoup, c'est que l'*errata et addenda* de la première édition, qui contient 5 pages, est remplacé dans la seconde par un simple *errata* de deux pages seulement, lequel est suivi d'une partie de 48 pages intitulée : *Jani Ulitii J. C. ad rei Venaticæ autores antiquos curæ secundæ.* Cette dernière partie, qui assure l'avantage à l'édition de 1653, ne se trouve pas dans tous les exemplaires. Elle est cependant indispensable pour qu'ils soient complets.

L'impression de ce livre est assez médiocre. Les exemplaires bien conservés doivent avoir près de 5 pouces, et valent dans cet état au moins 20 francs. On ne faisait aucune différence de prix entre les deux éditions ; mais il est fort probable que la remarque qui précède contribuera à en établir, et que les exemplaires complets deviendront beaucoup plus chers que les autres.

1646.

De la Sagesse, trois livres par Pierre Charron. A Leide, chez les Elseviers. 1646. pet. in-12.

De la Sagesse, trois livres par Pierre Charron. A Leide, chez Jean Elsevier. 1656. pet. in-12.

DE LA SAGESSE, trois livres par Pierre Charron. A Leide, chez Jean Elsevier. (Sans date.) pet. in-12.

DE LA SAGESSE, trois livres par Pierre Charron. A Amsterdam, chez Louys et Daniel Elzevier. 1662. pet. in-12.

Voilà les quatre éditions que les Elzévirs ont données de cet ouvrage. Elles sont toutes très-bien imprimées et fort recherchées; mais celle sans date et celle de 1646 le sont plus que les deux autres.

M. Caillard, dans le catalogue de ses livres, et avec lui quelques bibliographes, affirment que l'édition sans date et celle de 1656 ne sont qu'une seule et même édition. Ils se fondent sur ce qu'elles contiennent le même nombre de pages, la même quantité de lignes à chaque page, et sur ce qu'un défaut de pagination remarquable (la page 264 suivie de la page 295, sans lacune dans le texte) est commun à toutes deux. Un examen trop peu approfondi a pu seul causer cette erreur. Ces deux éditions sont distinctes, ainsi que les remarques suivantes, que j'aurais pu multiplier, vont le prouver. Dans l'édition de 1656, à la page 13, la deuxième ligne finit par e-, la sixième par le, la septième par se, etc.; tandis que dans l'édition sans date, la deuxième ligne de la même page finit par estran-, la sixième par corps, la septième par tourmen-, etc. De même toujours dans l'édition de 1656, à la page 23, la dixième ligne finit par rai- et la onzième par ondo-; et dans celle sans date, ces mêmes lignes se terminent par raison et ondoyan-. En voilà, je pense, assez pour démontrer la non-identité de ces deux éditions. Ici se présente la question de leur priorité. J'ai toujours vu désigner l'édition de 1656 comme postérieure à celle sans date; je crois que c'est encore une erreur. En effet, l'édition de 1646, qui est évidemment la première, est dédiée par les Elzévirs au prince

Maximilian de Bourgongne, abbé de Sainct-Vaast. Celle de
1656 contient la même dédicace, au même prince, par Jean
Elsévier. Celle sans date au contraire est dédiée, par Jean Elsévier aussi, à messieurs du conseil de la Cour provinciale d'Hollande, Zéelande et Westfrise. Est-il raisonnable de supposer
qu'un ouvrage ait pu être dédié d'abord à une personne, ensuite à une autre, et enfin encore à la première? D'un autre
côté, Jean Elsévier n'a commencé à imprimer seul qu'en 1655;
il faudrait donc qu'en un an il eût donné deux éditions de
la Sagesse, ce qui est assurément peu probable. N'est-il pas
plus simple d'admettre que les éditions de 1646 et de 1656
se sont suivies, et que celle sans date n'est venue qu'après?
Si je voulais hasarder une hypothèse, je dirais que le succès
des deux premières éditions de la Sagesse avait engagé Jean
Elsévier à en donner une troisième, mais qu'il avait intérêt à
ce qu'elle ne fût pas distinguée des autres, de peur qu'on ne
la supposât, ainsi que cela ne manque guère d'arriver, moins
soignée et moins correcte que les premières; qu'une circonstance que nous ne connaissons pas, mais qu'on peut aisément imaginer, l'engagea à dédier cette troisième édition à
d'autres individus que les deux précédentes, et que, crai-
gnant que le changement de dédicace ne fît découvrir la
fraude, s'il mettait (comme les Elzévirs l'ont fait souvent) à la
nouvelle édition la date d'une des anciennes, il préféra n'én
mettre aucune. L'édition sans date a été sûrement calquée
sur celle de 1656, ce qui explique les ressemblances qu'elles
ont entre elles, et même la faute de pagination qui leur est
commune, et que j'ai remarquée plus haut.

L'édition de 1662, qui est la dernière imprimée par les
Elzévirs, est encore jolie, mais cependant moins que celles
qui l'ont précédée. Je ne sais ce qui a pu engager M. Caillard à dire, et M. Brunet à répéter, qu'elle était une copie de
celle de 1646. Les pièces liminaires ne sont pas toutes les
mêmes; le nombre de pages et de lignes est différent; enfin
elles n'ont entre elles aucune ressemblance.

Les quatre éditions de la Sagesse paraissent avoir été imprimées sur du papier de même grandeur. La hauteur d'un bel exemplaire est d'environ 5 pouces.

L'exemplaire sans date qui fut vendu chez Firmin Didot en 1808 73 francs, avait près d'une ligne de moins, mais il était admirable de blancheur et de conservation. Un exemplaire broché de l'édition de 1662 a été porté en 1811 chez le même Didot au prix exorbitant de 170 francs. L'édition de 1646, en supposant l'exemplaire beau, vaut de 30 à 40 fr. Celle de 1656 vaut moins.

1647.

Elementa philosophica de Cive, auctore Thom. Hobbes Malmesburiensi. Amsterodami, apud Ludovicum Elzevirium. Anno 1647. pet. in-12.

Les Elzévirs ont imprimé successivement cet ouvrage en 1647, 1650, 1657, 1660 et 1669. Ces différentes éditions sont également estimées. La première est peut-être un peu mieux imprimée que les autres, mais aucune d'elles n'est fort belle. Leur valeur est de 6 à 8 francs. Cependant un exemplaire broché de 1669 a été payé follement 94 francs chez M. Caillard.

1648.

Les Mémoires de Messire Philippe de Commines Sr. d'Argenton; dernière édition. A Leide, chez les Elzeviers. 1648. pet. in-12.

Les Elzévirs n'ont imprimé cet ouvrage qu'une fois. Dans l'épître dédicatoire à M. de Montausier, ils annoncent qu'ils *commencent* à imprimer des auteurs français par celui-ci. Cependant ils avaient déja fait paraître *les œuvres de Regnier* en 1642, *la vie et les mémoires de Colligny* en 1643, *la sagesse de Charron* en 1646, sans compter une foule d'autres ouvrages de genres différents, avec ou sans leur nom. Les beaux exemplaires de ce volume sont très-rares, et se paient fort cher. Le plus beau que j'aie vu avait 5 pouces 1 ligne. L'exemplaire de Firmin Didot, qui était moins grand, fut vendu 73 francs en 1811, et revendu 82 francs en 1813. Depuis cette époque, le prix de ce livre est encore augmenté.

.1649.

PALÆPHATI DE INCREDIBILIBUS. Cornelius Tollius in latinum sermonem vertit, et notis illustravit. Amstelodami, apud Ludovicum Elzevirium. 1649.

Nous ne connaissons qu'une seule édition de ce livre, imprimée chez les Elzévirs. Elle est belle, et le texte grec est sur-tout fort bien imprimé. Liminaires, 18 feuillets; texte, 253 pages; tables et errata, 9 pages. Valeur ordinaire.

L'ALCORAN DE MAHOMET. Translaté d'arabe en françois, par le Sr. Duryer sieur de la Garde-Malezair. Suivant la copie imprimée à Paris, chez Antoine de Sommaville (Hollande, Elzévir). 1649. pet. in-12.

L'ALCORAN DE MAHOMET. Translaté d'arabe en françois, par le sieur Duryer, sieur de la Garde-Malezair. Suivant la copie imprimée à Paris chez Antoine de Sommaville (Hollande, Elzévir). 1672. pet. in-12.

Ces deux éditions ont été imprimées par les Elzévirs. La première est en caractères assez gros et fort nets. Elle contient 686 pages, sans les pièces liminaires qui en contiennent 16 non chiffrées, et 5 autres également non chiffrées à la fin. La seconde est la réimpression de l'autre; elle est imprimée en caractères beaucoup plus fins, et ne contient que 486 pages. Les pièces liminaires n'en ont que 12, parce qu'elles contiennent de moins que la précédente une dédicace au Chancelier. Le volume est terminé par 4 pages non chiffrées. Il existe encore deux éditions de Hollande sous les dates de 1683 et 1685, qui sont aussi fort jolies; mais elles ne peuvent pas être attribuées aux Elzévirs, qui n'imprimaient plus à cette époque. Ces quatre éditions ont à-peu-près la même valeur. De beaux exemplaires se vendent de 12 à 18 francs.

SATYRE MENIPPÉE de la vertu du Catholicon d'Espagne; et de la tenue des estatz de Paris. A laquelle est adjousté un discours sur l'interprétation du mot *Higuiero d'Infierno*, et qui en est l'autheur. Plus le regret sur la mort de l'asne ligueur d'une damoyselle, qui mourut durant le siège de Paris. (Hollande, Elzévir.) 1649. pet. in-12.

SATYRE MÉNIPPÉE de la vertu du Catholicon d'Espagne; et de la tenue des estats de Paris. A laquelle est adjousté un discours sur l'interprétation du mot de *Higuiero d'Infierno*, et qui en est l'autheur. Plus le regret sur la

mort de l'asne ligueur d'une damoiselle, qui
mourut durant le siége de Paris. Avec des
remarques et explications des endroits difficiles. A Ratisbonne, chez Mathias Kerner.
(Hollande, Elzévir.) 1664. pet. in-12 fig.

La première de ces deux éditions est rare, chère et peu
connue. Elle est imprimée en caractères assez fins, et est très-
jolie. L'avis au lecteur qui la précède est satirique et écrit du
même ton que le livre. Elle contient 216 pages, tout compris. L'édition de 1664 est bien imprimée aussi, mais les
caractères en sont plus gros. Elle contient, ainsi que l'indique
son titre, des remarques et des explications, et un avis au lecteur purement bibliographique. Il s'y trouve trois figures,
celles des deux charlatans ou cardinaux espagnol et lorrain,
et celle de la procession de la ligue. Les liminaires dans
cette édition ont 8 pages, et le texte 336. Il y a de l'édition
de 1664 au moins deux impressions que l'on distingue à de
légères différences. Il ne paraît pas nécessaire de les noter,
la préférence n'étant point accordée à l'une sur l'autre. A
moins que les exemplaires de 1664 ne soient très-beaux, ce
livre ne vaut pas plus de 6 à 8 francs. Il existe encore une
édition de 1677, qui est moins recherchée que toutes les
autres, et qui a été calquée sur celles de 1664.

1650.

CL. CLAUDIANI QUÆ EXTANT. Nic. Heinsius, Dan.
F. recensuit ac notas addidit. Accedunt quæ-
dam hactenus non edita. Lugduni Batavorum,
ex officina Elzeviriana. 1650. 2 vol. pet. in-12.

Le texte de Claudien est contenu dans le premier volume
et les notes dans le second. On a tiré cette édition sur deux

papiers, l'un desquels est un peu plus grand et plus fin que l'autre. Les beaux exemplaires en papier fin ne sont pas communs, et se vendent de 40 à 50 francs. Ils doivent avoir au moins 5 pouces 1 ligne de haut.

Presque toutes les bibliographies citent une petite édition in-16, sous la même date, comme une contrefaçon de celle-ci. Cette petite édition, qui est fort médiocre, a été imprimée *Amstelodami, Typis Ludovici Elzevirii.* Or le format, le nom de la ville et celui de l'imprimeur sont différents, ce qui n'annonce nullement l'intention de contrefaire. Les Elzévirs n'ont donné qu'une seule édition petit in-12 de Claudien.

ADAGIORUM D. ERASMI ROTERODAMI EPITOME. Editio novissima; ab infinitis forè mendis, quibus cæteræ scatebant, repurgata; non nullisque in locis adaucta, uti præfatio ad lectorem indicat. Cum triplici indice, authorum, locorum et proverbiorum locupletissimi. Amstelodami, apud Ludovicum Elzevirium. 1650. pet. in-12.

Cette première édition des adages d'Érasme est très-bien imprimée. La justification des pages est plus grande que celle des ouvrages du même format imprimés chez les Elzévirs; aussi tous les exemplaires ont-ils très-peu de marge, même quand ils ne sont pas rognés. Une réimpression de ce volume, page pour page et ligne pour ligne, a été faite en 1663. Elle est encore assez jolie, quoique inférieure à l'édition originale, qui se reconnaîtra facilement à la vignette placée en tête de l'avis au lecteur, laquelle renferme deux fleurs de lis aux deux extrémités, et les lettres E et R dans le milieu.

Un bel exemplaire des adages d'Érasme, de 1650, doit avoir environ 5 pouces 1 ligne. En cet état, il vaut, comme à la vente de Chénier, au moins 25 francs.

Les Passions de l'ame par René Des Cartes, Amsterdam, Louys Elzevier. 1650. pet. in-12.

Passiones animæ per Renatum Des Cartes : Gallicè ab ipso conscriptæ, nunc autem in exterorum gratiam latina civitáte donatæ ab H. D. M. J. V. L. Amstelodami, apud Ludovicum Elzevirium. 1650. pet. in-12.

Traduction de l'ouvrage précédent, composé en français par Descartes. Ces volumes, quoique assez bien imprimés, ne sont pas très-chers; néanmoins l'importance et la réputation de l'ouvrage nous ont fait un devoir de les placer ici. L'ouvrage français a été imprimé sous la même date, de format petit in-8°. Cette édition n'a aussi qu'un prix ordinaire, quoiqu'un exemplaire ait été payé à la vente Mac-Carthy près de 36 francs.

1651.

Auli Gelli Noctes Atticæ. editio nova et prioribus omnibus docti hominis curâ multo castigatior. Amstelodami, apud Ludovicum Elzevirium. 1651. pet. in-12.

Les beaux exemplaires de cette édition sont rares et recherchés. Les pièces liminaires sont contenues dans 24 feuillets; le texte occupe 498 pages, et différents index, interprétations, etc. sont renfermés dans 61 feuillets non chiffrés, qui suivent. Cette édition d'Aulu-Gelle, quand elle est bien conservée, se paye jusqu'à 25 ou 30 francs.

En 1665, Daniel Elzévir a donné une nouvelle édition de cet auteur, mais elle est fort inférieure à la première.

L'Eschole de Salerne en vers burlesques (par M. Martin) et duo Poemata Macaronica ; de Bello huguenotico ; et de Gestis magnanimi et prudentissimi Baldi. suivant la copie imprimée à Paris. (Hollande, Elzévir.) 1651. pet. in-12.

Volume rare et qui se paye fort cher quand il est bien conditionné et beau de marges. Un exemplaire vient d'être vendu chez M. Courtois 133 francs. Ce prix excessif nous engage à en donner la mesure. Il était haut de 4 pouces 9 lignes. L'édition originale de ce livre parut en 1650 à Paris, chez Jean Hénault, de format petit in-4°.

L'Ovide en belle humeur de M. Dassoucy. Suivant la copie imprimée à Paris. (Hollande, Elzévir). 1651. pet. in-12.

Volume rare. Il commence par une épître à M. de Saint-Aignan et des vers adressés à Dassoucy, qui occupent les huit premières pages. Vient ensuite le premier livre des Métamorphoses, le Chaos, qui comprend de la page 9 à la page 92. Le volume est terminé par un feuillet non chiffré contenant un madrigal et un triolet en l'honneur de l'auteur du livre. Ce petit volume bien conservé est susceptible d'une assez grande valeur.

1652.

Les Satyres et autres oeuvres du sieur Regnier augmentées de diverses pièces cy devant non imprimées. A Leiden, chez Jean et Daniel Elzevier. 1652. pet. in-12.

Il existe deux éditions de Regnier données par les Elzévirs, l'une en 1642, et celle-ci. Elles sont rares l'une et l'autre ; mais cette dernière seule doit être recherchée, l'autre étant incomplète. Celle de 1642 contient 166 pages sans la table, et celle-ci 202 pages aussi sans la table. Un bel exemplaire de l'édition de 1652 a été vendu 61 francs en 1810 chez Firmin Didot. Il avait un peu plus de 4 pouces 8 lignes. Un autre exemplaire également beau a été payé jusqu'à 120 fr. chez M. d'Ourches.

RECUEIL DE DIVERSES POÉSIES des plus célèbres autheurs de ce temps. A Leyde, chez Jean Sambix (Elzévir). 1652 et 1653. 2 vol. pet. in-12.

Ce recueil, qui est remarquablement bien imprimé, est d'une très-grande rareté. Il contient un assez grand nombre de pièces, presque toutes indiquées sur les titres, et dont plusieurs ne se trouvent guère que là. Il est assez difficile de lui assigner une valeur, car je n'ai pu découvrir aucun catalogue de vente où il fût même indiqué. On doit supposer qu'il se payerait fort cher, s'il passait dans une vente.

M. Brunet indique ce recueil comme composé d'un seul volume sous la date de 1652. C'est une erreur. Il faut deux volumes ; le premier composé de 81 pages, portant la date de 1652, et le second de 153 pages, avec la date de 1653.

1653.

L'ODYSSÉE D'HOMÈRE ou les aventures d'Ulysse en vers burlesques (par H. de Pitou). A Leyde, chez Jean Sambix (Elzévir). 1653. pet. in-12.

Ce petit volume de peu d'importance, mais fort rare, se compose ainsi qu'il suit : titre ; épître au prince de Conty, signée de l'auteur, H. de Picou ; vers au même prince ; épître burlesque de Pénélope à Ulysse, tirée d'Ovide. Ces liminaires occupent les 18 premières pages. Le premier et le second livre de l'Odyssée composent le reste du volume, qui a en tout 68 pages. Je n'en trouve de prix indiqué dans aucun des catalogues que j'ai sous les yeux.

PSALTERIUM DAVIDIS ad exemplar Vaticanum anni 1592. Lugduni apud Joh : et Dan : Elsevirios. Anno 1653. pet. in-12.

Les Elzévirs n'ont imprimé qu'une fois cet ouvrage. Le frontispice gravé annonce que cette édition a été donnée conformément à la bible du Vatican de 1592, et le titre imprimé porte qu'elle a été donnée suivant la vulgate de Sixte V. Il y a erreur dans l'un ou dans l'autre titre. La bible de Sixte V parut en 1590, et Clément VII, après l'avoir revue et corrigée, la fit imprimer au Vatican en 1592. C'est celle dont on se sert actuellement sous le nom de Vulgate. Il est probable que c'est cette dernière version qui a été suivie, et non celle de Sixte V.

Les très-beaux exemplaires du Psautier sont rares et se payent fort cher. Ils doivent avoir au moins 5 pouces de hauteur. Un exemplaire a été vendu chez M. Caillard le prix considérable de 76 francs.

THOMÆ A KEMPIS Canonici regularis ord. S. Augustini DE IMITATIONE CHRISTI libri quatuor. Lugduni. apud Joh. et Dan. Elsevirios. pet. in-12.

TH. A KEMPIS Canonici regularis ordin : S. August :

DE IMITATIONE CHRISTI libri quatuor. Lugduni, ex officina Elzeviriana. 1658. pet. in-12.

TH : A KEMPIS Canonici regularis ordin : S. August : DE IMITATIONE CHRISTI libri quatuor. Amstelodami, ex officina Elzeviriana. 1679. pet. in-12.

Voilà les trois éditions latines de l'Imitation publiées par les Elzévirs. La première, qui ne porte pas de date, est incontestablement la plus belle. Elle contient 257 pages. Cette seule indication suffit pour la reconnaître, car les deux autres en contiennent chacune 261. On a long-temps annoncé cette édition comme imprimée en 1630. C'était à tort, puisqu'elle a été donnée par Jean et Daniel Elzévir, et que l'association de ces deux imprimeurs n'a commencé qu'en 1652. Comme cette association a cessé en 1654 ou 1655, c'est entre ces deux époques que cette édition a dû paraître. Cet ouvrage de l'édition sans date est un des plus rares de la collection des Elzévirs; il est vrai que c'est peut-être leur chef-d'œuvre. Un exemplaire haut de 4 pouces 11 lignes a été vendu 150 francs en 1806 chez M. de Saint-Martin, et un pareil exemplaire 141 francs en 1810 chez M. Caillard. Les exemplaires moins grands de marge ont une valeur bien inférieure. L'édition de 1658 est encore assez jolie, mais celle de 1679 est fort médiocre; elles ne valent l'une et l'autre qu'un prix ordinaire.

L'IMITATION DE JESUS CHRIST. Traduite en vers français par P. Corneille. Leyde, Jean Sambix (Elzévir). 1653. pet. in-12.

Ce volume, qui est d'une grande rareté, ne contient que le premier livre de l'Imitation; il paraît que c'est tout ce que les Elzévirs ont imprimé à cette époque de la traduction de Corneille. Ce fragment semble pouvoir servir à fixer d'une manière précise la date de l'imitation latine, qui n'en porte pas. Il est imprimé avec les mêmes caractères, et les deux seuls exemplaires que j'aie vus étaient joints à des exemplaires de cette édition latine dans de très–anciennes reliures. L'une de ces reliures portait même sur un des plats la date de 1653. Il est très-probable que ce commencement de traduction aura été imprimé en même temps que l'original, et que conséquemment l'édition sans date qui, comme nous l'avons fait voir, a dû paraître entre 1652 et 1655, est de 1653. N'ayant découvert aucune vente où ce petit volume ait passé, il paraît difficile de lui assigner un prix.

LES ODES D'HORACE en vers burlesques. Leide, Jean Sambix (Elzévir). 1653. pet. in-12.

Petit volume fort rare, et, par cette seule raison, fort cher. Un exemplaire annoncé non rogné, et qui cependant l'était, a été vendu 46 francs chez M. Haillet de Couronne, en 1811.

1654.

MOYSE SAUVÉ, idyle héroïque du sieur de Saint Amant. A la sérénissime Reyne de Pologne et de Suede. Leyde, Jean Sambix (Elzévir). 1654. pet. in-12.

Cette édition d'un poëme fort médiocre, comme on sait, ne doit d'être recherchée qu'à la perfection avec laquelle elle est imprimée. Nous avons cru devoir la laisser figurer ici, parce que des exemplaires bien conservés ont été vendus jusqu'à 17 et 22 francs chez Chénier et à la salle Silvestre. Il existe une réimpression sous la date de 1664, à Amsterdam, chez Pierre Le Grand. Elle est moins belle que la première et moins interlignée; aussi n'a-t-elle que 168 pages de texte, tandis que celle de 1654 en a 188. Les pièces liminaires sont les mêmes dans les deux éditions.

1655.

LE PASTISSIER FRANÇOIS. Où est enseigné la manière de faire toute sorte de pastisserie, très utile à toute sorte de personnes. Ensemble le moyen d'aprester toutes sortes d'œufs pour les jours maigres, et autres, en plus de soixante façons. A Amsterdam, chez Louys et Daniel Elzevier. A. 1655. pet. in-12.

Le titre imprimé que nous venons de transcrire est précédé d'un joli frontispice, analogue au sujet, et suivi d'un avis au lecteur et de la table des matières. Ces pièces occupent 6 feuillets non paginés. Le reste du volume se compose de 252 pages imprimées en assez gros caractères. Ce petit volume, destiné dans l'origine aux cuisinières, est devenu, probablement pour cette raison, d'une excessive rareté. On conçoit, d'après la nature même de la matière qu'il traite, que c'est là son principal mérite. Quoi qu'il en soit, les deux seuls exemplaires exposés en vente publique depuis un très-grand nombre d'années ont été vendus l'un 120 et l'autre 60 francs. Ces prix, qui cependant ne se soutiendraient sûrement pas si les exemplaires se multipliaient, suffisent pour placer ce livre ici.

1656.

LA PUCELLE, OU LA FRANCE DÉLIVRÉE. Poëme héroïque. par M. Chapelain. dernière édition.
suivant la copie imprimée à Paris. (Hollande,
Elzévir.) 1656. pet. in-12 fig.

Ce volume, dont l'exécution est fort médiocre, est la réimpression fidèle de la belle édition donnée la même année chez
Courbé. Les figures sont même copiées sur celles de la grande
édition. La rareté est le seul titre que ce livre puisse avoir
pour figurer ici et pour être recherché. Les exemplaires bien
conservés valent au moins 20 francs. Le poëme est contenu
dans 362 pages chiffrées. L'épître dédicatoire et la préface
qui précèdent, et la table qui suit le poëme, ne sont point
paginées.

1657.

A. CORN. CELSI DE MEDICINA LIBRI OCTO, ex reco-
gnitione Joh. Antonidæ Vander Linden. D. et
Prof. Med. Pract. ord. Lugduni Batav. apud
Johannem Elzevirium. 1657. pet. in-12.

Les Elzévirs n'ont donné que cette édition de Celse. Elle
est assez mal imprimée, mais peu commune et recherchée.
Un exemplaire a été vendu 40 francs, salle Silvestre, en
1810.

LES PROVINCIALES ou Lettres escrites par Louis
de Montalte (Blaise Pascal), à un provincial

de ses amis, et aux RR. PP. Jésuites : sur le sujet de la morale et de la politique de ces Pères. à Cologne, chez Pierre de la Vallée. (Hollande, Elzévir.) 1657. pet. in-12.

Les Lettres provinciales parurent d'abord séparément, et furent ensuite imprimées ensemble pour la première fois, à Paris, en 1656. La première édition complète de ces Lettres fut publiée le 23 janvier de cette année, et les suivantes le furent successivement et à peu d'intervalle. Les imprimeurs hollandais, ardents à saisir toutes les occasions qui présentaient des chances de profit, s'emparèrent de cet ouvrage, qui avait un grand succès, et en publièrent, en 1657, sous le nom de Pierre de la Vallée, à Cologne, une jolie édition de format petit in-12, qui fut rapidement enlevée. Pascal donna bientôt après une nouvelle édition de ces fameuses Lettres, avec des additions et des corrections remarquables. Les Hollandais profitèrent de ces avantages dans une réimpression qu'ils firent aussitôt paraître ; mais, se fiant au succès de leur première édition, ils donnèrent cette réimpression avec le même titre et sous la même date. Cette espèce de fraude fut bientôt reconnue, et, ne poussant pas l'examen plus loin que les premières pages, on crut que les Elzévirs avaient seulement réimprimé leur première édition, mais avec moins de soin et de correction. Cette erreur s'est perpétuée ; et il en est résulté que la première édition de Hollande, où l'on trouve en tête de la troisième page les mots *moines mendiants* se vend au moins six fois le prix de la seconde, qui contient avec les mots *religieux mendiants* le texte tel qu'il a été revu et corrigé par Pascal lui-même. L'abbé Le Bossut, qui a donné, en 1779, une bonne édition des œuvres de Pascal, a suivi les leçons de cette seconde édition. Ici, comme en beaucoup d'autres occasions, la vogue est loin d'être d'accord avec le mérite réel.

Je n'ai pas figuré le titre de la seconde édition, parce qu'il est identiquement le même que celui-ci. Les beaux exemplaires de la première édition valent une trentaine de francs. Celui de Firmin Didot, en 1811, s'est élevé jusqu'à 49 francs: il avait 5 pouces moins une ligne.

Les Elzévirs ont encore donné, en 1669, sous la rubrique de *Cologne, chez Nicolas Schoute*, une édition des Lettres provinciales; mais elle est moins belle que les précédentes.

LES LETTRES DE M. DE VOITURE (publiées par Martin de Pinchesne, son neveu). A Amsterdam, chez Jean de Ravesteyn. (Elzévir.) An°. 1657. pet. in-12.

11 feuillets liminaires, le portrait; 592 pages de texte; 8 pages de tables.

SECONDE PARTIE ou suite des nouvelles OEuvres et Lettres de Monsieur de Voiture. Amsterdam, Jean de Ravesteyn. (Elzévir.) 1659. pet. in-12.

130 pages de texte, titre compris, plus 2 pages de tables.
Cette jolie édition, imprimée en caractères un peu fins, n'est pas commune. Une autre édition des lettres de Voiture avait déja paru en 1654; mais elle est moins complète que celle-ci. Une réimpression de l'édition de 1657 a été faite en 1660. Elle est fort inférieure.

1658.

DE L'USAGE DES PASSIONS. par le R. P. J. F. Senault. Dernière édition. A Leide, chez Jean Elsevier. 1658. pet. in-12.

Cette édition avait paru en 1643 ; *suivant la copie impri-mée à Paris*, et sans porter le nom d'Elzévir. On a seulement ajouté dans les exemplaires qui portent la date de 1658 une dédicace à M. Huygens. Il est indifférent de choisir l'un ou l'autre de ces exemplaires. Ce livre n'a qu'une valeur ordinaire.

LA PHARSALE DE LUCAIN, ou les guerres civiles de César et de Pompée. en vers françois par M. de Brebœuf. Leide. Jean Elsevier. 1658. pet. in-12.

Ce volume n'est recherché qu'à cause de sa belle exécution : les Elzévirs ne l'ayant imprimé qu'une fois, il est devenu rare, et les exemplaires bien conservés en sont chers. Il contient 417 pages, tout compris, et paraît être imprimé sur papier un peu plus fort que les Elzévirs ordinaires. De beaux exemplaires ont été vendus dans ces derniers temps 40 francs chez Chénier, et 53 francs chez M. Jourdan.

LES CHARACTÈRES DES PASSIONS. par le S^r. de la Chambre, médecin de Monseigneur le Chancelier. Amsterdam, Antoine Michel. (Elzévir.) 1658-1663. 4 part. 2 vol. pet. in-12.

Cet ouvrage, ainsi que le suivant, ne doit de figurer ici qu'à la perfection avec laquelle ils sont l'un et l'autre imprimés, ce qui les a toujours fait rechercher et maintenir à un haut prix. Celui-ci a été vendu 25 francs chez M. Caillard, et quelquefois plus cher. L'autre vaut environ 10 francs. Les cinq volumes ont été vendus 66 francs en 1817.

1660.

L'ART DE CONNOISTRE LES HOMMES. par le S^r. de
la Chambre, Conseiller du Roy en ses Conseils, et son médecin ordinaire. Amsterdam.
Jacques le Jeune. (Elzévir.) 1660. pet. in-12.

MAGNI HIPPOCRATIS COI, MEDICORUM PRINCIPIS,
CÓACÆ PRÆNOTIONES, græcè et latinè. opus
divinum. Cum versione D. Anutii Foessii me-
diomatricis : et notis Joh. Jonstoni med. Doct.
Amstelædami, ex officina Elzeviriana. 1660.
pet. in-12.

Cette édition d'Hippocrate est estimée et assez rare. Les
Elzévirs n'ont imprimé qu'une fois cet auteur avec les notes
de Jonston. Un exemplaire bien conservé vaudrait environ
20 francs.

LE PARNASSE SATYRIQUE du sieur Théophile
[Viaud.] (Hollande, Elzévir.) 1660. pet. in-12.

Cette édition, comme celle du Cabinet satyrique de 1666,
a sûrement été imprimée par les Elzévirs. Il en existe une
autre dans le même format, sous la date de 1668, qu'il ne
faut pas confondre avec celle-ci, qu'on reconnaîtra, indépendamment de ce qu'elle est beaucoup mieux imprimée, à
un très-large fleuron placé sur le titre. Ce volume contient
321 pages, tout compris. Les beaux exemplaires sont rares
et recherchés. Il y en a eu un vendu 44 francs en 1813,
et un autre 49 francs en 1818. Ces sortes de livres, ayant été

beaucoup lus , sont presque toujours très-rognés et mal conservés. Un exemplaire de 4 pouces 8 lignes de haut est fort
grand.

La Gallerie des Femmes fortes. Par le P. Pierre Le Moyne de la compagnie de Jésus. A Leiden chez Jean Elsevier et à Paris chez Charles Angot, rue St.-Jacques. 1660. pet. in-12. fig.

Les Elzévirs n'ont imprimé qu'une seule fois la Galerie des
Femmes Fortes ; mais il en existe deux sortes d'exemplaires :
les uns ont été imprimés et débités en Hollande ; leur titre est
indiqué comme celui que l'on vient de lire, et au milieu se
trouve pour fleuron, comme dans beaucoup d'éditions des
mêmes imprimeurs, un arbre entouré de vigne avec ces mots
pour devise : *Non solus*. Les autres au lieu de ce fleuron portent un chiffre entrelacé, au bas duquel on lit en très-petits
caractères : *à Leyde chez Elzévir*, et ensuite, en plus grosses
lettres : *et se vend à Paris chez Charles Angot*. 1661. Ces
exemplaires sont exactement les mêmes que les premiers. Il
paraît seulement que Ch. Angot, après avoir acheté une
partie de l'édition, aura fait imprimer de nouveaux titres.
On trouve à la fin de ces derniers exemplaires le privilège
du Roi, qui n'est pas joint à ceux vendus en Hollande.

Les beaux exemplaires des Femmes Fortes sont rares. Ils
doivent avoir au moins 4 pouces 10 lignes. En cet état, ils
se vendent près de 40 francs, comme à la vente de Chénier.

1662.

Hugo Grotius de Veritate religionis Christianæ. Editio novissima, in qua ejusdem annotationes suis quæque paragraphis ad faciliorem

usum subjectæ sunt. Amstelodami, ex officina
Elzeviriana. 1662. pet. in-12.

Les Elzévirs ont réimprimé plusieurs fois cet ouvrage depuis 1640, époque de la première édition donnée par eux,
jusqu'en 1680, année de leur retraite, où ils l'ont encore
imprimé. L'édition de 1662 passe pour la plus belle et la
plus recherchée, ce qui nous engage à l'indiquer ici. Ce n'est
au surplus qu'un livre de valeur moyenne, et dont un bel
exemplaire ne se paie pas plus de 15 francs.

CONCIONES ET ORATIONES EX HISTORICIS LATINIS
EXCERPTÆ. Argumenta singulis præfixa sunt,
quæ causam cujusque et summam ex rei gestæ
occasione explicant. Opus recognitum recensi-
tumque in usum scholarum Hollandiæ et
Westfrisiæ. Ex decreto illustriss. D. D. ordi-
num ejusdem Provinciæ. Amstelodami, ex officina Elzeviriana. 1662. pet. in-12.

Les Elzévirs ont donné quatre éditions de ce recueil, savoir, en 1649, 1653, 1662 et 1672. Elles sont toutes assez
recherchées sans être fort rares. Le titre gravé de l'édition
de 1662 a servi pour celle de 1672, ce qui cause une différence de date entre le frontispice et le titre imprimé dans
cette dernière. Il résulte d'un avis de l'imprimeur au lecteur
qui est en tête de l'édition de 1662 et de celle de 1672, qui
en est la réimpression exacte, que ces deux éditions doivent
être préférées à celles de 1649 et de 1653. En effet, indépendamment de quelques augmentations, on a suivi pour ces
éditions de meilleurs textes que pour les précédentes. Ainsi
on a tiré les discours de Salluste de l'édition donnée par

Thysius, ceux de Tite-Live de l'édition de Gronovius, ceux de Tacite de celle de Berneggerus, et ceux de Quinte Curce de celle de Freinshemius. De plus, comme il y avait dans les précédentes éditions des discours de Tacite mal placés, on les a mis dans celle-ci à leur vraie place. De beaux exemplaires valent environ 15 à 18 francs. Un exemplaire broché de l'édition de 1662 a été vendu, chez Firmin Didot, 75 fr.; et un autre, aussi broché, de celle de 1672, 49 francs chez M. Caillard.

1663.

LES ŒUVRES DE M. FRANÇOIS RABELAIS, docteur en médecine. augmentées de la vie de l'auteur et de quelques remarques sur sa vie et sur l'histoire. avec l'explication de tous les mots difficiles. (Hollande, Elzévir.) 1663. 2 vol. pet. in-12.

Édition recherchée et dont les beaux exemplaires sont rares. Le titre du premier volume est imprimé en caractères rouges et noirs, et celui du second en caractères noirs seulement. Ces titres portent pour enseigne la sphère, et ne contiennent ni l'indication de la ville où l'ouvrage a été imprimé, ni le nom de l'imprimeur. Il n'en est pas moins constant que cette édition a été donnée par les Elzévirs. Il existe une réimpression de cet ouvrage, dans le même format, sous la date de 1666; mais elle ne supporte pas la comparaison avec l'édition de 1663. Les deux titres de 1666 sont ordinairement imprimés en noir; cependant j'ai vu un exemplaire dans lequel le titre du premier volume était imprimé en rouge, comme dans l'édition de 1663. Les notes qui accompagnent ces éditions sont pleines de fautes et d'ignorance. Il se trouve dans la bibliothèque de M. Renouard un exemplaire de ce livre haut de 4 pouces 11 lignes ⅓. C'est le plus grand que j'aie vu. De moins beaux ont été vendus 100 francs chez M. Jourdan, et jusqu'à 120 francs chez M. Caillard.

ÆGIDII MENAGII POEMATA. Quarta editio auctior et emendatior. Amstelodami, ex officina Elzeviriana. 1663. pet. in-12.

Quoique ce volume ne soit ni fort rare, ni fort cher, nous avons cru devoir l'indiquer ici, d'abord parce qu'il est extrêmement bien imprimé, ensuite parce qu'il contient des poésies en quatre langues différentes, en grec, en latin, en français et en italien; ce qui le rend assez curieux. Et enfin, parce qu'il renferme des vers en l'honneur des Elzévirs, dont nous avons même cité un fragment dans leur notice. Il vaut environ 10 à 12 francs.

LE THÉATRE DE Mr. QUINAULT. suivant la copie imprimée à Paris. (Hollande, Elzévir.) 1663. 2 vol. pet. in-12.

Ces deux volumes sont loin de contenir tous les ouvrages de Quinault. Ils ne renferment aucun de ses opéras, et toutes ses tragédies et comédies n'y sont même pas. Cependant cette édition est si jolie qu'elle n'est pas à dédaigner. Toutes les pièces, imprimées séparément, portent la date de 1662, à l'exception de la dernière du second volume, *Agrippa*, qui porte la date de 1663. Un exemplaire a été vendu 29 francs en 1813.

Tous les opéras de Quinault font partie du recueil d'opéras imprimés en Hollande en 1684 et années suivantes. Comme la pagination recommence à chaque pièce, on peut les en extraire et en former un petit recueil pour faire suite aux deux volumes ci-dessus.

HISTOIRE DES AMOURS DE HENRY IV. avec diverses lettres escrites à ses maitresses, et autres pièces curieuses. (par Louise Marguerite de Lorraine, princesse de Conti.) A Leyde. chez Jean Sambix. (Elzévir.) 1663. pet. in-12.

Il existe deux éditions de ce livre, l'une sous la date qui vient d'être indiquée et l'autre sous celle de 1664. Il y a même plusieurs réimpressions sous ces deux dates; mais je n'ai jamais vu faire de différence entre elles. Seulement il est nécessaire de s'assurer si le volume, qui se compose de deux parties, paginées séparément, est complet. La première partie, dont on vient de lire le titre, a 142 pages; la seconde, qui est intitulée : *Recueil de quelques belles actions et paroles mémorables du Roy Henry le grand*, et que l'on trouve aussi à la fin des éditions de 1664 et de 1678 de la vie d'Henry IV par Péréfixe, en a 46. Ce volume, bien conservé, s'est vendu 24 francs en 1820.

1664.

HISTOIRE DU ROY HENRI LE GRAND. composée par Messire Hardouin de Perefixe Archevesque de Paris, cy devant Précepteur du Roy, reveuë, corrigée et augmentée par l'auteur. Amsterdam. Daniel Elsevier. 1664. pet. in-12.

Cette édition de l'histoire d'Henry IV est celle que l'on doit préférer comme la plus belle à-la-fois et la plus complète. Elle se compose de 8 pages de liminaires, de 566 pages de texte, dont les 42 dernières sont : *Recueil de quelques belles actions et paroles mémorables du Roy Henry le grand;* et d'un poëme de l'abbé Cassagnes, non paginé, intitulé : *Henry le grand au Roy.* Ce poëme, qui a 18 pages, fait partie nécessaire du volume, auquel il se rattache par les signatures. L'édition que nous venons de décrire a été exactement réimprimée, chez le même Daniel Elzévier, en 1678; mais, comme cela arrive presque toujours, la réimpression est moins belle que l'édition originale. Le texte contient le même nombre de pages; seulement les liminaires ont 16 pages au lieu de 8. Le titre imprimé porte l'année 1678, et le frontispice gravé l'année 1679.

Cet ouvrage avait été déja imprimé en 1661 chez les Elzévirs; ils en avaient même donné deux éditions distinctes cette année, l'une sous le nom d'Anthoine Michiels, et l'autre sous celui de Louys et Daniel Elzévier. Il est fort probable qu'ils avaient commencé par imprimer cette histoire pour Michiels, libraire d'Amsterdam, pour qui ils ont souvent travaillé, et que le succès de son édition les détermina à l'imprimer pour leur propre compte. Quoi qu'il en soit, ces premières éditions ne contiennent ni le poëme de Cassagnes, ni le Recueil des actions et paroles mémorables.

Bien que l'édition de 1661 de Louys et Daniel ne soit pas plus belle que celle de 1664, et qu'elle soit moins complète, ces deux éditions se vendent à-peu-près le même prix. De beaux exemplaires de l'une et de l'autre se sont vendus jusqu'à 60 francs chez Firmin Didot et chez M. Caillard. Ils devaient avoir environ 5 pouces de hauteur. Les autres éditions sont d'un prix très-inférieur.

PERSIUS ENUCLEATUS, sive commentarius exactissimus et maxime perspicuus in Persium poetarum omnium difficillimum. Studio Davidis

Wedderburni, Scoti, Abredonensis, opus post-
humum. Amstelodami, apud Danielem Elzevirium. 1664. in-12.

Cette édition n'est pas du même format que les autres classiques imprimés par les Elzévirs; mais elle ne l'a jamais été
autrement par eux. Les exemplaires n'en sont pas communs:
il en a été vendu un broché 40 francs chez Firmin Didot.

LE THÉATRE DE P. CORNEILLE, revu et corrigé, et
augmenté de diverses pièces nouvelles. suivant
la copie imprimée à Paris. (Hollande, Elzévir.)
1664 à 1676. 4 vol. pet. in-12. fig.

Ces quatre volumes sont composés des différentes pièces
de P. Corneille imprimées séparément en Hollande et réunies
sous un titre général. Ils paraissent être la réimpression de
l'édition de Paris 1664, G. de Luynes, in-folio 2 volumes, et
contiennent dans les trois premières parties tout ce qui se
trouve dans les deux volumes in-folio, à l'exception seulement de la Toison d'Or. De plus le frontispice du premier
volume et le portrait de Corneille sont ceux de l'édition in-
folio, réduits.

Les dates des pièces, qui toutes ont un titre imprimé et un
frontispice gravé particuliers, sont, pour celles du premier
volume, 1664; et, pour celles des deux suivants, 1663. La
quatrième partie, qui a comme les trois autres un titre général
imprimé à la même date de 1664 et un frontispice gravé, ne
contient que quatre pièces, savoir: Sertorius, sous la date
de 1664; la Toison d'Or, sous celle de 1662; Sophonisbe,
sous celle de 1663; et Othon, sous celle de 1665. Les pièces
suivantes, qui sont Agésilas, 1666; Attila, 1667; Tite et
Bérénice, 1671; Pulchérie, 1673; et Suréna, 1676; ne sont

pas comprises sur la table de cette dernière partie, étant
d'une date postérieure, et ont été jointes à ce volume pour
compléter les œuvres de Corneille. Mais ces dernières pièces
sont d'éditions absolument semblables à celles qui les précèdent, tant pour le format que pour l'impression ; elles sont,
ainsi que les autres, « *suivant la copie imprimée à Paris :* »
enfin toutes portent sur le titre imprimé le *quærendo*. Il faut
remarquer que, depuis Othon, toutes les pièces sont imprimées dans l'année même de leur représentation, excepté Suréna, donné en 1675 et qui porte la date de 1676 ; et il
convient d'ajouter que ces éditions sont fort jolies et tout-à-
fait dignes de ceux qui les ont imprimées.

Cette réunion complète des comédies et tragédies de P. Corneille compose une des plus rares collections que l'on puisse
trouver. Elle n'a été indiquée par aucun bibliographe (1).

Avant de songer à réunir toutes les pièces de Corneille,
les Elzévirs en avaient imprimé plusieurs, mais avec un caractère et dans un format plus petits que celles que je viens
d'indiquer. Au lieu du *quærendo* le titre portait l'enseigne
de *la sphère*, et elles n'avaient point de frontispice gravé. Un
volume contenant le Cid, Horace, Cinna, la Mort de Pompée, Polyeucte et le Menteur, fut vendu 80 francs chez
M. Caillard. Ces six pièces portaient les dates de 1641, 1644
et 1645. Les cinq premières avaient été déja réunies, en 1644,
sous le titre de *l'illustre Théâtre de monsieur Corneille, à
Leyden.*

Il est assez difficile d'indiquer une valeur pour cette édition de P. Corneille, puisqu'elle n'est portée dans aucun catalogue, et n'a jamais passé, complète, en vente publique.
Cependant, à en juger par l'extrême difficulté qu'on éprouve

(1) Cette note, ainsi que presque toutes celles qui composent cet
ouvrage, est antérieure même à la seconde édition du Manuel de M. Brunet, et c'est chez moi qu'il a vu pour la première fois l'édition de Corneille sur laquelle elle est faite.

à la former, on doit présumer qu'elle se vendrait fort cher. Je n'ai jamais vu d'autre exemplaire que celui sur lequel cette notice a été rédigée; il se trouve dans la bibliothèque de l'auteur de cet ouvrage.

1665.

Les Tragédies et Comédies de Th. Corneille, reveues et corrigées, et augmentées de diverses pièces nouvelles. suivant la copie imprimée à Paris. (Hollande, Elzévir.) 1665 à 1678. 5 vol. pet, in-12. fig.

Les pièces de Th. Corneille ont été, comme celles de P. Corneille, imprimées en Hollande par les Elzévirs, et de même réunies sous un titre commun. Il est d'une extrême difficulté de les trouver toutes ensemble, sur-tout des premières éditions. Comme chacune de ces pièces se vendait séparément, lorsque l'une d'elles se trouvait épuisée, on la réimprimait dans le même format; aussi presque tous les volumes de Th. Corneille que l'on trouve aujourd'hui contiennent-ils, à côté des éditions originales, des réimpressions postérieures beaucoup moins belles. Cette considération m'engage à indiquer ici volume par volume, comme je l'ai déja fait dans l'article précédent, les dates de chacune des pièces nécessaires pour avoir un exemplaire entièrement composé de premières éditions.

Chaque tome commence par un frontispice gravé, et par un titre imprimé, portant au verso la table des pièces contenues dans le volume, excepté le troisième où les deux dernières sont omises. Toutes les pièces sont en outre précédées d'un double titre, gravé et imprimé, le second portant le *quærendo*.

Tome 1er. Le titre général imprimé porte la date de 1665. Les pièces portent les dates suivantes : les Engagements du Hasard, 1662; le Feint Astrologue, 1663; D. Bertran de Cigarral, 1663; l'Amour à la mode, 1663; le Berger extravagant, 1663; le Charme de la Voix, 1662.

Tome 2e. Titre général, 1665; le Geolier de Soy-même, 1662; les Illustres Ennemis, 1662; Bérénice, 1662; Timocrate, 1662; la Mort de Commode, 1662; Darius, 1662.

Tome 3e. Titre général, 1665; Stilicon, 1662; le Galand doublé, 1662; Camma, 1662; Maximian, 1662; Pyrrhus, 1666; Persée et Démétrius, 1666. (Ces deux dernières pièces ont été ajoutées après coup et ne sont point sur la table.)

Tome 4e. Titre général, 1676; Antiochus, 1666; Laodice, 1668.; le Baron d'Albikrac, 1670; la Comtesse d'Orgueil, 1671; Théodat, 1673; la Mort d'Annibal, 1673.

Tome 5e. Titre général, 1678; Ariane, 1674; Circé, 1676; la Mort d'Achille, 1676; D. César d'Avalos, 1676; l'Inconnu, 1678; le Comte d'Essex, 1678.

On ne trouve dans cette édition ni le Festin de Pierre, ni Bradamante, qui n'ont été imprimés que postérieurement à 1678.

Cette édition de Th. Corneille est, comme celle de P. Corneille décrite plus haut, d'une excessive rareté; elle n'a été non plus indiquée par aucun bibliographe. Le seul exemplaire complet que je connaisse est celui que je possède.

IL DECAMERON di Messer Giovanni Boccaci Cittadino fiorentino. Si come la diedero alle stampe gli SS^{ri}. Giunti l'anno 1527. in Amsterdamo. (Elzévir.) 1665. pet. in-12.

Cette jolie édition, d'un format un peu plus grand que les in-12 ordinaires des Elzévirs, est difficile à trouver bien conservée. Un bel exemplaire doit avoir environ 5 pouces

6 lignes de hauteur, et, dans cet état, ne vaut pas moins de 40 à 60 francs. Il en a même été vendu un jusqu'à 120 fr. chez M. de Cotte.

1666.

LE CABINET SATYRIQUE ou Recueil parfait des vers piquans et gaillards de ce temps. Tiré des secrets cabinets des sieurs Sigognes, Regnier, Motin, Berthelot, Maynard et autres des plus signalés poëtes de ce siècle. Dernière édition, reveue, corrigée, et de beaucoup augmentée. (Hollande, Elzévir.) 1666. 2 vol. pet. in-12.

Cette édition, qui paraît avoir été imprimée par les Elzévirs, est rare et fort recherchée. Un exemplaire très-ordinaire a été vendu 50 francs chez M. Caillard, et un autre 70 francs chez M. Mac-Carthy.

La première édition du Cabinet satyrique parut en 1618, et la seconde en 1621, chez Billaine, à Paris. Celle-ci contient le privilége du roi pour l'impression d'un livre qui servit quelque temps après, avec le *Parnasse Satyrique* du même auteur, à le faire condamner au feu, arrêt qui depuis fut commué en un bannissement. Théophile Viaud se défendit toujours d'avoir publié ces ouvrages; mais la voix publique n'a pas cessé de les lui attribuer. Ce livre est imprimé sur le même papier et avec les mêmes caractères que le Parnasse satyrique indiqué plus haut.

RECUEIL de diverses Pièces choisies d'Horace, d'Ovide, Catulle, Martial et Anacréon. Aussi

la traduction du I. chant de l'Adonis du chevalier Marin. Par Monsieur le Président Nicole. Jouxte la copie. à Paris chez Charles
Sercy. (Hollande, Elzévir.) 1666. pet. in-12.

Le recueil des pièces choisies contient 144 pages, titre
compris. La pagination recommence à l'Adonis, qui en contient 60. Ce volume est assez bien imprimé, mais en caractères un peu gros. Il est rare, et a été vendu jusqu'à
15 francs.

LETTRES ET POÉSIES de madame la Comtesse de B.
(Bregy). Leyde, Antoine Duval. (Elzévir.)
1666. pet. in-12.

Volume peu intéressant, médiocrement imprimé, mais fort
rare. Il comprend en tout 115 pages.

1667.

RECUEIL de quelques Pièces nouvelles et galantes,
tant en prose qu'en vers; dont les titres se
trouvent après la préface. A Cologne chez
Pierre du Marteau. (Hollande, Elzévir.) 1667.
2 part. pet. in-12.

Ce recueil, évidemment sorti des presses elzéviriennes,
contient entre autres pièces le *Voyage de Chapelle et Ba-
chaumont*, quelques *épîtres et satyres de Boileau*, l'*élégie
de La Fontaine sur la disgrace de Fouquet*, etc. La première
partie avait déja paru séparément en 1664. Des exemplaires
bien conservés valent 15 à 20 francs.

8

LES IMAGINAIRES (ET LES VISIONNAIRES), ou Lettres sur l'hérésie imaginaire , par le S. de Dam-
villiers (Nicole). Liège, Adolphe Beyers. (Hollande, Elzévir.) 1667. 2 vol. pet. in-12.

Le premier volume est intitulé *les Imaginaires*, et le second *les Visionnaires*. Cette édition est à-la-fois la plus belle
et la meilleure de ces lettres. Dans celle publiée en 1683
in-8°, aussi en Hollande, on a retranché les deux lettres
écrites contre Racine, en faveur de Desmarets, qui sont de
Barbier d'Aucourt. Cet ouvrage ne se vend pas un prix considérable; mais il est bien imprimé, et a joui d'une assez
grande réputation pour mériter d'entrer dans notre collection.
Un très-bel exemplaire a été vendu 47 fr. chez M. Caillard.

AURELII PRUDENTII CLEMENTIS QUÆ EXTANT. Nico-
laus Heinsius Dan. Fil. ex vetustissimis exemplaribus recensuit et animadversiones adjecit.
Amstelodami, apud Danielem Elzevirium. 1667.
2 vol. pet. in-12.

Les Elzévirs n'ont imprimé ce poëte qu'une fois. Le texte
de Prudence occupe le premier volume, et les notes de N.
Heinsius le second. Ce second volume est intitulé : *Nicolai
Heinsii Dan. F. in Prudentium adnotata*. Cette édition est
assez jolie, et n'est pas commune. Les exemplaires bien conservés valent environ 20 fr. Il en fut vendu un broché 60 fr.
chez M. Caillard, et un autre, aussi broché, 86 francs chez
Firmin Didot.

1668.

LES VRAYES CENTURIES ET PROPHÉTIES de Maistre
Michel Nostradamus. Où se void représenté

tout ce qui s'est passé, tant en France, Espagne, Italie, Alemagne, Angleterre, qu'autres parties du monde. Reveuës et corrigées suivant les premières éditions imprimées en Avignon en l'an 1556. et à Lyon en l'an 1558. et autres. avec la vie de l'autheur. à Amsterdam, chez Jean Jansson à Waesberge et la vefve de fu Elyzée Weyerstraet, l'an 1668. pet. in-12.

Cette édition, qui ne porte pas le nom des Elzévirs, est cependant certainement imprimée par eux. Les beaux exemplaires en sont rares et fort chers. Ils doivent avoir environ 4 pouces 11 lignes. Quand ils sont de cette grandeur, ils se vendent, comme chez M. Jourdan et M. d'Ourches, 71 et 73 francs. Ce livre est imprimé sur un papier plus fort que les autres éditions des Elzévirs. Il est précédé d'un portrait et d'une vie de Nostradamus, et de quelques autres pièces liminaires renfermées dans 14 feuillets. Le texte a 158 pages.

1671.

POLYDORI VERGILII URBINATIS de Rerum Inventoribus libri VIII et de Prodigiis libri III. cum indicibus locupletissimis. Amstelodami, apud Danielem Elzevirium. 1671. pet. in-12.

Cet ouvrage, d'un intérêt et d'une valeur médiocres, ne se trouve ici qu'à cause du prix excessif auquel un exemplaire broché fut porté chez Firmin Didot. Il y fut vendu 74 francs en 1811. Les exemplaires ordinaires valent de 6 à 8 francs.

8.

HEXAMERON RUSTIQUE, ou les six Journées passées à la campagne entre des personnes studieuses. (par La Mothe Le Vayer.) à Amsterdam, chez Jaques le jeune. (Elzévir.) 1671. pet. in-12.

Jolie édition d'un ouvrage estimé. Elle est préférable à celles qui existent dans le même format. On la reconnaîtra à l'enseigne de la sphère et à ce qu'elle contient 176 pages, plus une page de table. Un exemplaire a été vendu 10 francs en 1818 à la salle Silvestre.

LES ENTRETIENS D'ARISTE ET D'EUGÈNE. (Par le P. Bouhours.) Dernière édition. A Amsterdam, chez Jaques le jeune. (Elzévir.) 1671. sur la copie imprimée à Paris. pet. in-12.

Fort jolie édition composée de 4 feuillets non chiffrés pour les pièces liminaires; de 438 pages pour le texte de l'ouvrage; et de 5 feuillets également non paginés pour la table des matières. Ce volume n'est pas commun.

RELATION CONTENANT L'HISTOIRE DE L'ACADÉMIE FRANÇOISE. par M. P. (Pellisson). seconde édition. Jouxte la copie imprimée à Paris chez Augustin Courbé. (Hollande, Elzévir.) 1671. pet. in-12.

Cette jolie édition, qui n'est point remarquée, a 254 pages, sans le titre. Elle est moins complète que celles qui l'ont suivie; mais la beauté de son exécution et l'avantage de se joindre à la collection des Elzévirs doivent la faire rechercher.

1672.

PENSÉES DE M. PASCAL sur la Religion et sur quelques autres sujets, qui ont été trouvées après sa mort parmy ses papiers. Amsterdam, Abraham Wolfganck, (Elzévir) suivant la copie imprimée à Paris. 1672. pet. in-12.

Ce volume, bien imprimé, contient 48 pages de pièces liminaires, 256 de texte, et 19, non chiffrées, de tables. On le trouve ordinairement joint et relié avec le volume suivant.

DISCOURS SUR LES PENSÉES DE M. PASCAL, où l'on essaye de faire voir quel était son dessein. Avec un autre Discours sur les preuves des livres de Moyse. Amsterdam, Abraham Wolfganck. (Elzévir.) suivant la copie imprimée à Paris. 1673. pet. in-12.

4 pages de liminaires et 119 pages de texte.
Cette édition des Pensées de Pascal, est rare et assez chère. Elle a été réimprimée sans aucun changement en 1677. La réimpression, qui contient le même nombre de pages, est un peu moins belle que l'édition originale.

1675.

D. AURELII AUGUSTINI HIPPON. Episcopi libri XIII. Confessionum. ad 3 M.SS. exemp. emendati. opera et studio R. P. H. Sommalii e soc. Jesu.

Lugduni, apud Danielem Elzevirium. 1675. pet. in-12.

Les Elzévirs n'ont donné qu'une seule édition de ces confessions. Elle est assez jolie, et les beaux exemplaires se trouvent difficilement. Ils doivent avoir au moins 5 pouces de hauteur. Un exemplaire de cette dimension a été vendu 42 fr. chez M. Caillard. Le titre de cet ouvrage devrait indiquer Amsterdam comme le lieu où il a été imprimé, et non pas Leyde (*Lugduni*) où Daniel Elzévir n'a pas eu d'imprimerie postérieurement à l'époque de son association avec Jean Elzévir, c'est-à-dire à l'année 1655.

La Logique ou l'Art de penser : contenant outre les règles communes, plusieurs observations nouvelles, propres à former le jugement. (par A. Arnauld et P. Nicole). Dernière édition. Amsterdam, Abraham Wolfgank. (Elzévir.) 1675. pet. in-12.

Volume de 556 pages plus la table, très-bien imprimé et peu commun. J'ai vu vendre des exemplaires bien conservés de 15 à 20 francs. Un très-bel exemplaire, relié en vélin, a même été porté, dans une vente faite en 1820 par M. Merlin, à 25 francs.

Les Oeuvres de Monsieur Molière. à Amsterdam, chez Jacques le jeune. (Elzévir.) 1675. 5 vol. pet. in-12.

Nous croyons devoir indiquer ici, comme nous l'avons fait pour les différents théâtres qui précèdent, quelle doit être la

date de chaque pièce, et cela avec d'autant plus de raison
que, la publication de ce livre se rapprochant de la mort de
Daniel Elzévir, les réimpressions qui se trouvent presque
toujours mêlées dans les exemplaires aux éditions originales
ne peuvent pas lui être attribuées. Il est à remarquer
que le *Festin de Pierre*, qui commence le second volume,
n'est pas l'ouvrage de Molière. C'est une détestable comédie
sur le même sujet, de je ne sais quel comédien nommé Ro-
simond, et non pas, comme le dit M. Brunet, le Festin de
Pierre, en vers, par Thomas Corneille. Le Festin de Pierre
de Molière paraît n'avoir été imprimé en Hollande pour la
première fois qu'en 1683. Cette édition est précieuse, parce
qu'elle contient la fameuse scène du pauvre, qui fut retran-
chée des éditions suivantes.

Le tome Ier commence par un frontispice gravé, suivi d'un
titre général imprimé; le titre seul se trouve en tête des
autres volumes. Ce premier volume est composé ainsi qu'il
suit : Remerciement au Roy; l'Estourdy, 1674; le Dépit amou-
reux, 1674; les Précieuses ridicules, 1674; Sganarelle, 1662;
les Fascheux, 1674. Toutes ces pièces portent l'enseigne de
la sphère sur leur titre, à l'exception de Sganarelle où se
trouve le *quærendo*, et sont *suivant la copie imprimée à Paris*.

Tome 2. Le Festin de Pierre (celui dont nous venons de
parler); l'Escole des Maris; l'Escole des Femmes; la Critique
de l'Escole des Femmes; la Princesse d'Élide. Les pièces de
ce volume ont toutes l'enseigne de la sphère, sont *suivant
la copie imprimée à Paris*, et portent la date de 1674.

Tome 3. L'Amour Médecin, 1675; le Misanthrope, 1674;
le Médecin malgré lui, 1674; le Sicilien, 1674; Amphitryon,
1675; le Mariage forcé, 1674; George Dandin, 1669. Les
indications d'enseigne et d'impression sont semblables à celles
du tome précédent.

Tome 4. L'Avare; le Tartufe; M. de Pourceaugnac; le Bour-
geois Gentilhomme; toutes datées de 1674 et avec les indications précédentes.

Tome 5. Les Fourberies de Scapin, 1671; Psyché, 1670; les Femmes Savantes, 1674; le Malade Imaginaire, 1673; l'Ombre de Molière, 1674; avec les indications des trois derniers tomes.

Les exemplaires composés de pièces portant les dates qui viennent d'être indiquées, ou même pour quelques-unes des dates antérieures, sont précieux et rares. Il en a été vendu un 130 francs chez M. Caillard.

Une réimpression portant la date de 1679 peut encore être attribuée à Daniel Elzévir, mais elle est moins recherchée que l'édition de 1675. Les éditions postérieures sont étrangères aux Elzévirs.

1677.

MÉTAMORPHOSES D'OVIDE EN RONDEAUX. Imprimez par ordre de Sa Majesté, et dédiez à Monseigneur le Dauphin. Jouxte la copie imprimée à Paris de l'Imprimerie Royale. (Hollande, Elzévir.) 1677. pet. in-12.

Ce petit volume, assez rare, porte sur le titre l'enseigne de la sphère. Il est précédé d'un frontispice copié sur celui de l'édition in-4° de Paris. Il se compose de 6 feuillets liminaires, plus 236 pages de texte et une table de 4 pages. Deux ans après, Wolfgang donna une édition in-12, qui contient non-seulement les rondeaux que l'on trouve dans celle-ci, mais de plus des figures pour chaque rondeau, copiées et réduites sur celles de l'édition de Paris. Nous indiquons l'édition de 1679 dans la quatrième partie de cet ouvrage.

1678.

OEUVRES DE RACINE. suivant la copie imprimée à

Paris. (Hollande, Elzévir.) 1678. 2 vol. pet. in-12.

Cette charmante édition est à-la-fois fort rare et très-chère. Elle se compose de toutes les pièces de Racine, à l'exception d'Esther et d'Athalie, qui n'ont paru que bien postérieurement à 1678, imprimées séparément et réunies sous un titre général. Chacune de ces pièces porte la date de 1678, et est précédée d'un très-joli frontispice gravé, représentant une situation de la pièce. On joint quelquefois à ces deux volumes les tragédies d'Esther et d'Athalie, imprimées en 1689 et 1691 en Hollande, dans le même format. Un exemplaire de ces œuvres de Racine, qui n'avait rien de remarquable, a été vendu 60 francs chez M. Caillard.

Fort peu de temps après la mort de Daniel Elzévir, en 1682, on a réimprimé les pièces de Racine avec les mêmes caractères et en employant les mêmes figures. Cette nouvelle édition n'est guère moins jolie que l'autre, mais elle est moins recherchée, ne pouvant pas être attribuée au même imprimeur.

RECUEIL DE PIÈCES GALANTES, en prose et en vers, de madame la comtesse de La Suze, d'une autre dame, et de M. Pelisson. augmenté de plusieurs élégies. sur la copie. à Paris, chez Gabriel Quinet. (Hollande, Elzévir.) 1678. 3 part. 1 vol. pet. in-12.

Ce volume, qui est fort rare et qui contient des pièces qu'on ne trouve point ailleurs, mérite, sous ces deux rapports, d'être placé ici, quoique pourtant il soit assez médiocrement imprimé. Le titre porte l'enseigne de la sphère. La pagination des trois parties se suit, et le volume contient en tout 617 pages.

1680.

MADRIGAUX DE M. D. L. S. (M. de la Sablière).
suivant la copie imprimée à Paris. (Hollande,
Elzévir.) 1680. pet. in-12.

Je ne connais aucune édition aussi jolie de ces madrigaux
estimés. Ce petit volume n'a que 84 pages. Il porte sur le
titre le *quærendo*.

HISTOIRE AMOUREUSE DES GAULES. (Par Bussi Ra-
butin.) à Liège. (Hollande, Elzévir.) [Sans
date.] 2 part. 1 vol. pet. in-12.

Il existe de ce livre de nombreuses réimpressions; mais
cette édition, qui est la plus belle et la plus recherchée, est
aussi la plus rare. La première partie contient 190 pages. La
seconde, qui n'a point de titre particulier, en contient 69.
Il doit en outre y avoir une clef de trois pages. De beaux
exemplaires de cet ouvrage ont été payés jusqu'à 25 francs.

M. Brunet dit que cette édition n'a sûrement pas été imprimée
par un Elzévir. Comme il ne donne aucune raison à l'appui
de son opinion, et qu'il nous a accoutumés à ne pas croire
trop légèrement ses assertions, nous persistons à indiquer
cette édition d'abord parce qu'elle est la plus belle, ensuite
parce que c'est celle que désignaient les bibliographes les plus
voisins du temps des Elzévirs, comme imprimée par eux. Nous
serons prêts à nous rectifier aussitôt que M. Brunet nous aura
fourni la preuve que nous nous trompons.

LE MOYEN DE PARVENIR. OEuvre contenant la raison de tout ce qui a esté, est, et sera (par

Béroalde de Verville). Avec démonstrations certaines et nécessaires, selon la rencontre des effets de vertu. Et adviendra que ceux qui auront nez à porter lunettes s'en serviront, ainsi qu'il est escrit au Dictionnaire à dormir en toutes langues, S. recensuit sapiens ab A ad Z. (avec cette épigraphe) *Nunc ipsa vocat res, hac iter est.* Æneid. IX. 320. Imprimé cette année (en Hollande). pet. in-12.

Si l'on croit indispensable de joindre une édition du Moyen de parvenir à la collection Elzévirienne, c'est à celle-ci que l'on doit donner la préférence. Elle est assez bien imprimée, et contient 439 pages en tout. Le format est plus petit et le caractère plus fin qu'ils ne le sont ordinairement. L'édition que quelques bibliographes indiquent comme faisant partie de la collection, est celle, aussi sans date, qui n'a que 348 pages. Il est évident qu'ils se trompent; car la dernière page de cette édition contient une *liste de quelques livres galants qui se vendent en Hollande,* parmi lesquels il en est qui ont paru tout-à-fait à la fin du dix-septième siècle, c'est-à-dire un assez grand nombre d'années après que les Elzévirs eurent cessé d'imprimer. Il existe des exemplaires de la dernière édition dont nous venons de parler, avec les titres suivants : *Le Coupe-cu de la mélancolie,* ou *Vénus en belle humeur.* Parme, 1698; et *Le Salmigondis,* ou *Le Manége du genre humain.* Liége, 1698. La date qui se trouve à ces deux titres semble indiquer naturellement celle que l'on doit suppléer au titre qui n'en porte pas.

L'édition dont nous venons de donner le titre s'est vendue 48 fr. chez Regnault-Bretel, et 24 francs seulement dans une autre vente, à la même époque.

LES OEUVRES DE CLÉMENT MAROT de Cahors, valet de chambre du Roy. reveuës et augmentées de nouveau (et précédées d'un abrégé de sa vie). La Haye, Adrian Moetjens. 1700. 2 vol. pet. in-12.

Il paraît difficile de ne pas indiquer ici cette jolie édition, qui est imprimée avec des caractères tout-à-fait semblables à ceux qu'employaient les Elzévirs, et qu'on a d'ailleurs coutume de joindre à leur collection. On paie jusqu'à 30 francs les exemplaires grands de marges et qui sont bien conservés. Un exemplaire broché a été, en 1816, porté dans une vente publique au prix excessif de 120 francs, et un autre, aussi broché, à plus de 150 fr. à la vente de M. Mac-Carthy.

SECONDE PARTIE.

•••••••••••••

COLLECTIONS D'OUVRAGES

D'UN MÊME AUTEUR OU SUR UN MÊME SUJET.

Les collections dont se compose cette partie sont fort difficiles à réunir, sur-tout en beaux exemplaires. Pris isolément, beaucoup de ces volumes n'ont qu'une valeur médiocre; ensemble, cette valeur devient souvent considérable. Il ne nous a guère été possible de la faire connaître, parce que bien rarement de semblables réunions ont été exposées en vente. Nous n'avons pas toujours indiqué toutes les éditions des mêmes ouvrages venues à notre connaissance. Quand ces ouvrages nous ont paru peu importants, nous nous sommes borné à décrire exactement la meilleure édition, afin de ne pas étendre indéfiniment ce travail.

ESSAI

BIBLIOGRAPHIQUE

SUR LES ÉDITIONS

DES ELZÉVIRS.

Ouvrages relatifs au cardinal de Richelieu.

LE POLITIQUE TRÈS-CHRESTIEN ou Discours politiques sur les actions principales de la vie de feu Monsr. l'Eminentissime Cardinal duc de Richelieu. (traduit de l'Espagnol d'Emmanuel Fernandez de Villaréal, par Chantounière de Crémaille.) à Paris. (Hollande, Elzévir.) 1645. pet. in-12.

Ce volume, fort bien imprimé, se compose de 14 feuillets liminaires contenant un frontispice, le titre, une épître au cardinal Mazarin, une préface, et une table des principales matières. Ces différentes pièces ne sont point paginées. Le texte du livre vient ensuite, et est renfermé dans 308 pages.

HISTOIRE DU MINISTÈRE D'ARMAND JEAN DUPLESSIS Cardinal duc de Richelieu, sous le règne de

Louys le Juste, XIII, du nom, Roy de France et de Navarre. (par Ch. Vialart.) avec des réflexions politiques, et diverses lettres, contenants les négociations des affaires du Piedmont et du Mont-Ferrat. Divisé en IV tomes. Corrigée en cette édition et mise en meilleur ordre. A Leide, chez Jean Sambix. (Elzévir.) 1652. 2 vol. pet. in-12.

Cette histoire n'est pas divisée en quatre tomes comme l'indique le titre, et cette erreur tient à ce que l'édition de Paris sur laquelle a été faite celle-ci est effectivement ainsi divisée. Le premier tome contient, à la suite du titre, une table des chapitres, très-ample, destinée aux deux volumes, plus 708 pages de texte. Le second se compose de 544 pages pour la suite de l'Histoire du Ministère, et de 86 pages, plus une table de deux pages et demie pour les négociations du Piedmont et du Mont Ferrat. Cet ouvrage a été réimprimé, en 1664, à Amsterdam, par les Elzévirs, sous le nom d'Abraham Wolfganck. Cette dernière édition, qui contient trois volumes, est fort inférieure à celle de 1652, quoique encore assez jolie.

JOURNAL DE MONSIEUR LE CARDINAL DUC DE RICHE-LIEU, qu'il a fait durant le grand orage de la cour ès années 1630 et 1631; tiré des mémoires écrits de sa main : avec diverses autres pièces remarquables, concernant les affaires arrivées de son temps; divisé en deux parties. A Amsterdam, chez Abraham Wolfgank. (Elzévir.) 1664. 2 vol. pet. in-12.

Il doit se trouver un portrait du cardinal de Richelieu en tête de cet ouvrage, qui est rare. La première partie a 264 pages, et la seconde 290. Cette dernière est suivie d'une table de 5 feuillets, non paginés, commune aux deux parties.

L'Histoire du Cardinal Duc de Richelieu, par le sieur Aubery, avocat au Parlement et aux Conseils du Roy. A Cologne, chez Pierre du Marteau. (Hollande, Elzévir.) 1667. 2 vol. pet. in-12.

Le premier volume est composé de 644 pages, et le second de 482. (Cette dernière page est chiffrée 842 par transposition de chiffres.) Chaque volume est précédé d'une table des chapitres et terminé par une table des matières. Ces diverses tables ne sont point paginées.

Mémoires pour l'Histoire du Cardinal duc de Richelieu. Recueillis par le sieur Aubery, advocat au Parlement et aux Conseils du Roy. à Cologne, chez Pierre Marteau. (Hollande, Elzévir.) 1667. 5 vol. pet. in-12.

Le premier volume renferme 624 pages, le second 528, le troisième 790, le quatrième 773, et le cinquième 595. A la fin des quatre premiers volumes se trouvent des tables ou listes des pièces qu'ils contiennent. Une table pareille est en tête du cinquième, et à la fin se trouve une table des personnes et familles dont il est fait mention dans ces Mémoires. Les tomes trois et quatre, ayant un plus grand nombre de pages que les autres, sont habituellement divisés chacun en deux parties au moyen de titres imprimés exprès, mais sans que pour cela la pagination soit interrompue.

La collection, bien conservée et complète de ces divers volumes, est assez difficile à trouver. Le plus rare est celui du journal de 1664. On peut y joindre, quoique imprimé à une époque bien postérieure, le *Testament politique d'Armand Duplessis, Cardinal Duc de Richelieu, Pair et grand Amiral de France,* etc. (*par Paul Hay Marquis du Chastelet*). *Amsterdam, Henry Desbordes.* 1688. 2 parties. 1 vol. pet. in-12.

Ouvrages du duc de Rohan.

MÉMOIRES DU DUC DE ROHAN, sur les choses advenuës en France depuis la mort de Henry le Grand, jusques à la paix faite avec les réformez au mois de Juin 1629. (Publiés par les soins de S. Sorbière.) Seconde édition, augmentée d'un quatrième livre, et de divers discours politiques du mesme auteur, cy-devant non imprimez. (Hollande, Elzévir.) 1646. 2 tom. 1 vol. pet. in-12.

Ces deux tomes, dont le premier contient les mémoires et l'autre les discours politiques, font partie indispensable de ce volume, puisqu'ils sont l'un et l'autre indiqués sur le titre ; cependant la pagination des discours n'est pas la même que celle des mémoires, et les signatures ne se suivent pas. Les mémoires renferment 4 feuillets liminaires et 466 pages de texte, et les discours 135 pages, tout compris. Il existe plusieurs réimpressions de cet ouvrage ; mais celle dont nous donnons l'indication est à-la-fois la plus complète et la mieux exécutée.

VÉRITABLE DISCOURS de ce qui s'est passé en l'assemblée politique des Églises réformées de France, tenuë à Saumur par la permission du Roy, l'an 1611. servant de supplément aux Mémoires du Duc de Rohan. (Hollande, Elzévir.) 1646. pet. in-12.

Volume de 135 pages, composé de quatre pièces différentes. Comme chacune de ces pièces est terminée par le mot *fin*, et qu'il n'y a point de table, le nombre des pages est important à remarquer. Cet ouvrage se trouve, ordinairement placé à la suite du voyage de Rohan, et relié avec lui, quoiqu'il n'y ait entre eux aucun rapport nécessaire.

VOYAGE DU DUC DE ROHAN, faict en l'an 1600, en Italie, Allemaigne, Pays bas uni, Angleterre et Escosse. (Publié par les soins de S. Sorbière.) A Amsterdam, chez Louis Elzevier, 1646. pet. in-12.

Volume de 246 pages, y compris le titre.

LE PARFAIT CAPITAINE. Autrement l'abrégé des guerres dés Commentaires de César. Augmenté d'un traicté : De l'intérest des Princes, et Estats de la Chrestienté. Avec la préface à Monsieur le Cardinal Duc de Richelieu. Jouxte la copie imprimée à Paris. (Hollande, Elzévir.) 1648. 2 tom. 1 vol. pet. in-12.

Les deux ouvrages qui viennent d'être indiqués sont paginés séparément. Le Parfait Capitaine se compose de 4 feuillets de liminaires et de 250 pages de texte; et l'Intérêt des Princes de 192 pages en tout.

HISTOIRE DE HENRY, duc de Rohan, Pair de France. suivant 'la copie imprimée à Paris. (Hollande, Elzévir.) 1667. pet. in-12.

12 feuillets liminaires suivis de 191 pages de texte. Cet ouvrage a reparu sous le titre de Histoire secrette de Henry, duc de Rohan, pair de France. A Cologne, chez Pierre Marteau. 1697. Il n'y a entre cette édition et la précédente d'autre changement que la réimpression du titre.

Ouvrages de Scarron.

LE VIRGILE TRAVESTY EN VERS BURLESQUES, de Monsieur Scarron. Dédié à la Reyne. Suivant la copie imprimée à Paris. (Hollande, Elzévir.) 1648 à 1650. pet. in-12.

Ce volume ne contient que les cinq premiers livres du Virgile travesti. C'est tout ce qu'en imprimèrent les Elzévirs à cette époque. Les deux premiers livres parurent en 1648, sous une même pagination. Cette partie a 170 pages, non compris les pièces liminaires, qui en ont 18. Les trois livres suivants parurent en 1650. Le troisième a 72 pages, le quatrième 91, et le cinquième 94. Ce volume est d'une grande rareté, sur-tout avec les cinq livres. On trouve plus souvent les premiers séparément.

RECUEIL DES ŒUVRES BURLESQUES de M^r. Scarron. Jouxte la copie. A Paris chez Toussainct Quinet. (Hollande, Elzévir.) 1655. pet. in-12.

Ce volume se compose de quatre parties sous une seule pagination. Il a 334 pages, non compris l'épître dédicatoire de Scarron à la chienne de sa sœur, et la table des matières, qui en contiennent 20. Cette édition est imprimée en caractères italiques assez fins, et elle est d'autant plus précieuse que très-rarement les Elzévirs ont employé ces caractères. On ne trouve qu'avec une extrême difficulté des exemplaires bien conservés.

LES ŒUVRES DE MONSIEUR SCARRON. Revuës, corrigées et augmentées de nouveau. Suivant la copie imprimée à Paris. (Hollande, Elzévir.) 1668. 2 vol. pet. in-12.

Le premier volume commence par une épître de Scarron à M. de Bellièvre, premier président au parlement. Une lettre de Balzac à Costar et trois sonnets viennent ensuite. Ces pièces liminaires, à l'exception de l'épître qui est différente, se trouvent aussi, mais dans un autre ordre, en tête des dernières œuvres de Scarron. Ce volume a 271 pages (la dernière numérotée par erreur 275); plus une table de 5 pages. Le second volume est intitulé : *Typhon ou la Gygantomachie, poëme burlesque. Dédié à Monseigneur l'Eminentissime Cardinal Mazarin.* Il porte la même date que le premier, et se compose de pièces paginées séparément dans l'ordre suivant, qui est celui des signatures. Typhon, 64 pages; le Jodelet ou le M. (Maître) valet; 83 pages; le Jodelet duelliste, 80 pages; enfin l'Héritier ridicule, 75 pages.

LES DERNIÈRES ŒUVRES DE MONSIEUR SCARON, divisées en deux parties. Contenantes plusieurs lettres amoureuses et galantes, nouvelles, histoires, plusieurs pièces, tant en vers qu'en prose, comédies, et autres. Le tout rédigé par un de ses amis (d'Elbenne). Suivant la copie imprimée à Paris. (Hollande, Elzévir.) 1668. pet. in-12.

La disposition des matières contenues dans ce volume est assez singulière pour qu'il mérite une description spéciale. Après le frontispice vient le titre imprimé tel que nous l'avons transcrit. Ce titre porte *tome premier*, quoique aucun autre titre n'indique de second tome. A la suite du titre est une dédicace de G. de Luyne (libraire de Paris) à M. d'El-bènne, et un avis au lecteur qui paraît être de ce dernier. La table des matières commence au verso de l'avis au lecteur; elle a trois pages, et indique les diverses pièces contenues dans ce qui se trouve désigné comme le premier volume. Viennent ensuite 5 feuillets de pièces liminaires, qui se composent d'un errata, de diverses pièces de vers, et d'une lettre de Balzac sur les œuvres de Scarron : ces dernières déja imprimées dans le premier volume des *OEuvres*. Les lettres de cet auteur et trois de ses nouvelles occupent depuis la page 1 jusqu'à la page 140. Le second volume commence à la page 141 par un faux titre portant : *Poésies diverses de Monsieur Scarron*. Ces poésies finissent à la page 186. Un second faux titre suit cette page, avec la désignation : *Fragmens de diverses comédies de Monsieur Scarron*. Les fragments se terminent à la page 237, au revers de laquelle est la table de la seconde partie des dernières œuvres de ce poëte. Les deux derniers articles de cette table sont : la Fausse Apparence, comédie, fol. 203; et le Prince Corsaire, tragi-comédie, fol. 226. Malgré cette indication, ces deux pièces ne font point partie de ce qui précède, mais elles viennent à la suite avec des titres particuliers et une pagination séparée. La première a 84 pages et l'autre 66. Quoique ces pièces soient paginées séparément, elles font cependant partie nécessaire du volume, puisque les signatures qui sont au bas de ces pièces sont la suite des précédentes et continuent de L à R.

LE VIRGILE TRAVESTY EN VERS BURLESQUES de Monsieur Scarron. Reveu et corrigé. Suivant la copie imprimée à Paris. (Hollande, Elzévir.) 1668. 2 vol. pet. in-12. fig.

Les huit livres contenus dans ces deux volumes sont tout ce que Scarron a burlesquement imité de Virgile. Cette édition, plus complète, ne doit cependant pas faire entièrement rejeter celle qui précède, et qui est beaucoup mieux imprimée. Dans cette dernière on trouve en tête de chaque chant des figures qui ne sont pas dans l'autre et qui font partie de la pagination. Le premier volume se compose de 372 pages, dans lesquelles sont comprises les pièces liminaires, le titre, et même le frontispice. Le second volume a 307 pages, aussi tout compris.

LES NOUVELLES OEUVRES TRAGI-COMIQUES de Monsieur Scarron. Tiré des plus fameux autheurs Espagnols. Où sont agréablement descrites diverses adventures amoureuses, dans les quelles se découvrent les ruses, pratiques et commerce d'amour, des courtisans de ce temps. A Amsterdam, chez Abraham Wolfganck. (Elzévir.) suyvant la copie imprimée à Paris. 1675. 2 tom. 1 vol. pet. in-12.

Ce volume est composé de 252 pages, y compris même le frontispice. Le titre imprimé du premier volume n'indique pas qu'il doive y en avoir un second; et cependant le titre du second est à la page 129. On ne trouve ici que quatre des sept nouvelles de Scarron. Le Châtiment de l'Avarice, l'Histoire de D. Juan d'Urbina et celle de Mantigny avaient déja

paru dans les dernières œuvres de Scarron, sous la date de
1668.

Le Romant comique de M. Scarron. Suivant la copie imprimée à Paris. (Hollande, Elzévir.) 1678. 3 part. pet. in-12.

La première partie contient 216 pages (par erreur la dernière est numérotée 116), non compris la table et la dédicace
au coadjuteur. La seconde partie est dédiée à madame la sur-
intendante, et elle a 196 pages. Ces deux parties seulement
sont de Scarron, qui mourut sans avoir achevé cet ouvrage.
La troisième partie, qui porte la date de 1680, tandis que
les deux premières sont datées de 1678, est une suite donnée
par A. Offray. Elle est dédiée à M. Boullioud, escuyer et
conseiller du Roy en la sénéchaussée et siége présidial de
Lyon. Elle est composée de 155 pages sans compter l'épître,
l'avis au lecteur, ni la table. Cette édition est très-joliment
imprimée et difficile à rencontrer. Elle doit être précédée,
outre les titres imprimés pour chaque volume, d'un frontispice gravé pour le premier.

Les deux premières parties du Roman Comique avaient été
imprimées par les Elzévirs d'abord en 1662 et 1663, et ensuite en 1668. Ces éditions, qui sont aussi fort jolies, doivent
le céder à celle que nous indiquons ici, parce qu'elles sont
moins complètes.

Ces différents volumes composent une collection presque
complète des œuvres de Scarron. Il y manque cependant encore quelques pièces de théâtre. Quoi qu'il en soit, comme
toutes ces éditions sont fort jolies, et que la plupart sont fort
rares, leur réunion, difficile à former, est précieuse, et serait
d'un prix considérable. Huit seulement des onze volumes qui
viennent d'être décrits ont été vendus, en 1817, la somme
de 141 francs.

Ouvrages de Balzac.

LES OEUVRES DIVERSES du sieur de Balzac. Augmentées en cette édition de plusieurs pièces nouvelles. A Leide, chés les Elseviers. 1651. pet. in-12.

Ce volume, dont l'impression est fort jolie, a été réimprimé d'abord en 1658, à Leide, chez Jean Elsevier, et ensuite, en 1664, à Amsterdam, chez Daniel. Cette dernière édition est précédée, ainsi que celle de 1658, d'un frontispice qui ne se trouve point dans la première. Les trois éditions contiennent exactement les mêmes pièces. Les caractères de la première sont plus nets et un peu plus fins que ceux des deux autres. L'édition de 1651 a 388 pages, non compris les pièces liminaires. Celle de 1658 a le même nombre de pages, et la dernière a 389 pages, toujours sans comprendre les liminaires.

LETTRES CHOISIES du S^r. de Balzac. A Leiden, chez les Elzeviers. 1652. pet. in-12.

Les Elzévirs ont souvent réimprimé ces lettres, qui eurent beaucoup de vogue au moment où elles parurent. Indépendamment de l'édition ci-dessus, j'en ai sous les yeux une antérieure, à la date de 1648, mais sans nom de ville ni d'imprimeur; et deux autres imprimées à Amsterdam, la première en 1656, et l'autre en 1678. Il paraît même qu'il y a eu deux tirages au moins de l'édition de 1656, car j'en possède deux exemplaires qui présentent des différences. Les pièces contenues dans ces diverses éditions sont absolument les mêmes, et les éditions sont toutes fort jolies, quoique la dernière soit un peu inférieure. L'édition de 1652 a 431 pages en outre des liminaires, parmi lesquelles se trouve la table; les deux dernières éditions ont chacune 404 pages, et celle de 1648 en a 440.

LES LETTRES FAMILIÈRES de M. de Balzac à Mʳ. Chapelain. A Leiden, chez Jean Elsevier. 1656. pet. in-12.

Une réimpression de ce volume a été donnée en 1661, à Amsterdam, par Louis et Daniel Elzevier. Elle ne contient rien de plus que l'édition originale, et elle est moins belle. L'édition de 1656 a 333 pages et la suivante 332.

ARISTIPPE, ou de la Cour, par Monsieur de Balzac. A Leide, chez Jean Elsevier. 1658. pet. in-12.

Il existe deux éditions d'Aristippe sous le date de 1658: l'une est précédée d'un frontispice gravé et d'un titre imprimé; c'est la plus belle, elle contient 272 pages, sans les pièces liminaires et la table, qui ne sont point paginées. L'autre n'a que 259 pages; elle est moins rare que la première. Toutes deux ont paru chez Jean Elsevier. Daniel Elsevier a donné, en 1664, à Amsterdam, une réimpression exacte de cet ouvrage, qui contient aussi 259 pages. Ces diverses éditions sont assez médiocrement imprimées.

LETTRES de feu Monsieur de Balzac à Monsieur Conrart. Leide, chez Jean Elsevier. 1659. pet. in-12.

Nous connaissons deux éditions des Lettres à Conrart. La première vient d'être indiquée; l'autre est sous la rubrique d'Amsterdam, chez les Elzeviers, et porte la date de 1664.

Toutes deux ont 424 pages, plus la table contenue dans deux feuillets. Il ne paraît pas qu'il y ait de différence à faire entre elles.

Les Entretiens de feu Monsieur de Balzac. A Leide, chez Jean Elsevier. A°. 1659. pet. in-12.

Ce volume, ainsi que le précédent, a été publié après la mort de Balzac par Girard, archidiacre d'Angoulême. Le recueil des Lettres à Conrart est dédié, par l'éditeur, à celui à qui les Lettres avaient été adressées. Les Entretiens sont dédiés à M. de Montauzier; outre l'édition des *Entretiens* qui vient d'être indiquée, il en existe une postérieure, donnée en 1663 par Louys et Daniel Elsevier, à Amsterdam. L'édition de 1659 paraît un peu plus belle que la dernière. Elle contient 396 pages, sans la table, et l'autre n'en contient que 388.

Nous ne connaissons que six volumes des œuvres de Balzac qui soient imprimés par les Elzévirs et qui portent leur nom. Le volume suivant, quoique sous un nom différent, paraît cependant aussi sorti de leurs presses, et doit être joint aux volumes qui précèdent, pour compléter une collection qui n'est pas sans quelque intérêt. Les beaux exemplaires de cette collection sont difficiles à réunir et d'une valeur assez considérable. Le volume du *Socrate Chrétien* est le plus rare.

Socrate chrestien par le S^r. de Balzac et autres œuvres du mesme autheur. A Amsterdam, chez Joost Pluymer. A°. 1662. pet. in-12.

Ce volume est divisé en deux parties paginées séparément; la première de 271 pages, la seconde de 126. La table des matières, qui n'est point paginée, se rapporte aux deux parties dont la première seulement est indiquée sur le titre qui vient d'être transcrit; l'autre est intitulée : *Dissertation ou diverses remarques sur divers écrits. à Monsieur Conrart, Conseiller et Secrétaire du Roy.* Ces 7 volumes réunis se sont vendus, en 1818, à la salle Sylvestre, 80 francs.

Mémoires de Sully.

MÉMOIRES des sages et royales œconomies d'estat, domestiques, politiques et militaires de Henry le Grand, l'exemplaire des Roys, le prince des vertus, des armes et des loix, et le père en effet de ses peuples François. et des servitudes utiles obéissances convenables et administrations loyales de MAXIMILIAN DE BÉTHUNE l'un des plus confidens, familiers et utiles soldats et serviteurs du grand Mars des François. Dédiez à la France, à tous les bons soldats et tous peuples François. Jouxte la copie imprimée à Amstelredam. 1652. 4 vol. pet. in-12.

Ces quatre volumes contiennent les deux premières parties des Mémoires de Sully, telles que ce grand ministre les avait fait imprimer lui-même, dans son château, en 1638. Comme ces volumes n'ont été ni contrefaits, ni réimprimées en Hollande, il serait superflu d'en donner la description. Les deux dernières parties des Mémoires ne furent imprimées pour la première fois en France qu'en 1662, et paraissent ne l'avoir jamais été en Hollande. L'édition française suivante, quoique d'un format un peu plus grand que celle qui vient d'être indiquée, peut servir à compléter cet ouvrage : *Mémoires ou OEconomies royales d'Estat, domestiques, politiques et mi-*

litaires de Henry le grand. par Maximilian de Béthune duc de Sully. Imprimés à Rouen et se vendent à Paris chez Augustin Courbé. 1662. 4 vol. in-12.

Ces huit volumes complètent le texte original des Mémoires de Sully, et dispensent d'avoir les anciennes et volumineuses éditions in-folio. Ils sont assez difficiles à trouver, et réunis ils sont susceptibles d'une assez grande valeur. A la vente de Regnauld Bretel ils ont été payés 36 francs.

Ouvrages de Brantome.

MÉMOIRES DE MESSIRE PIERRE DU BOURDEILLE, seigneur de Brantome, contenans les vies des Dames illustres de France de son temps. A Leide, chez Jean Sambix le jeune. (Elzévir.) 1665. pet. in-12.

Ce volume, divisé en sept discours, est précédé d'un avis au lecteur et d'une table contenant chacun un feuillet, qui ne sont point paginés. Le texte commence après, et a 407 pages. Chaque discours a en tête le buffle des Elzévirs.

MÉMOIRES DE MESSIRE PIERRE DE BOURDEILLE, seigneur de Brantome, contenans les vies des Dames galantes de son temps. A Leide, chez Jean Sambix le jeune. (Elzévir.) 1666. 2 vol. pet. in-12.

Le premier volume commence, après le titre, par une dédicace au duc d'Alençon de 3 pages, et un avis au lecteur d'une demi-page. Le texte occupe ensuite 424 pages pour ce premier volume, et 504 pour le second, qui ne renferme aucune pièce liminaire. Les discours ont en tête une vignette différente de celle du précédent ouvrage, mais bien connue aussi pour être souvent employée par les Elzévirs. Au milieu de cette vignette se trouvent deux profils qui se regardent. Ces deux volumes sont fort rares.

MÉMOIRES DE MESSIRE PIERRE DE BOURDEILLE, seigneur de Brantome. Contenans les vies des Hommes illustres et grands Capitaines François de son temps. A Leide, chez Jean Sambix le jeune. (Elzévir.) 1666. 4 vol. pet. in-12.

Les vignettes qui sont en tête des divers volumes sont presque toutes différentes; mais on les reconnaît aisément pour appartenir aux mêmes imprimeurs que celles des premiers Mémoires. Le premier volume, outre la préface et la table, non chiffrées, contient 417 pages; le second 404; le troisième 442; et le quatrième 351. Chacun des derniers volumes renferme aussi une table.

MÉMOIRES DE MESSIRE PIERRE DE BOURDEILLE, seigneur de Brantome. Contenans les vies des Hommes illustres et grands Capitaines estrangers de son temps. A Leide, chez Jean Sambix le jeune. (Elzévir.) 1666. 2 vol, pet. in-12.

On retrouve dans ces volumes la tête de buffle employée dans le volume des Dames illustres. Le tome 1ᵉʳ commence par une épître à la reine Marguerite, une préface et la table. Vient ensuite le texte qui a 304 pages. Le tome 2 n'a que 300 pages, y compris même la table et le titre. Ces neuf volumes sont difficiles à réunir d'une belle conservation, et sur-tout d'éditions originales, parce qu'ils ont été souvènt contrefaits. Les indications qui précèdent, et particulièrement celle du nombre dés pages, suffisent pour faire connaître celles de ces éditions que l'on doit préférer.

Ouvrages de Bassompierre.

MÉMOIRES DU MARESCHAL DE BASSOMPIERRE, contenant l'histoire de sa vie et de ce qui s'est fait de plus remarquable à la Cour de France pendant quelques années. (Publiés par Claude de Malleville, son secrétaire.) A Cologne, chez Pierre du Marteau. (Hollande, Elzévir.) 1665. 2 vol. pet. in-12.

Cette édition est fort jolie et peu commune. Elle a été souvent contrefaite, ainsi que les éditions des diverses ambassades de Bassompierre; ce qui rend l'indication précise de ces volumes nécessaire. Le tome premier des Mémoires commence par une préface, qui, avec le titre, comprend 5 feuillets non paginés; le texte, qui vient ensuite, contient 564 pages. Le second tome a 824 pages en sus du titre.

AMBASSADE DU MARESCHAL DE BASSOMPIERRE en Espagne l'an 1621. A Cologne, chez Pierre du Marteau. (Hollande, Elzévir.) 1668. pet. in-12.

Volume de 163 pages, plus le titre.

AMBASSADE du MARESCHAL DE BASSOMPIERRE en Suisse l'an 1625. A Cologne, chez Pierre du Marteau. (Hollande, Elzévir.) 1668. 2 vol. pet. in-12.

Le premier volume est composé du titre, plus 388 pages de texte ; et le second volume de 269 pages, y compris même son titre.

Négociation du Mareschal de Bassompierre envoyé ambassadeur extraordinaire, en Angleterre, de la part du Roy très-chrestien, l'an 1626. A Cologne, chez Pierre du Marteau. Hollande, Elzévir.) 1668. pet. in-12.

316 pages, plus le titre.

Ces six volumes sont fort difficiles à trouver d'une bonne conservation. Un œil exercé distingue aisément les contrefaçons des éditions originales ; mais ce qui peut servir à les faire reconnaître de tout le monde, c'est le nombre de pages qui vient d'être indiqué, et qui est différent dans les bonnes et dans les mauvaises éditions. Dans l'impression des premières, les Elzévirs ont aussi employé quelques-uns de leurs fleurons qu'on ne trouve pas dans les autres. Le prix de cette collection est assez considérable.

Défenses de Fouquet.

Recueil des Défenses de M. Fouquet. (Hollande, Elzévir.) 1665 à 1668. 14 vol. pet. in-12.

Ce recueil des pièces d'un procès célèbre est aujourd'hui presque tombé dans l'oubli. Quelques lignes de l'histoire résument toutes les circonstances des évènements qui ont le plus occupé les contemporains. Quoi qu'il en soit, en dédaignant même dans ce recueil ce qui est de pure procédure, il y reste encore assez de documents historiques pour ne pas le négliger complètement. Il contient sur-tout les Mémoires rédigés par Pellisson, et qui ne firent pas moins d'honneur à son caractère qu'à son talent. On pourrait s'étonner de voir paraître en Hollande des défenses qui ne devaient intéresser qu'un Français, et qui, comme telles, auraient dû naturellement être imprimées en France. Quelques mots d'un avertissement placé en tête du troisième volume expliqueront cette circonstance. Après s'être plaint de la publicité donnée par l'avocat-général Talon aux attaques dirigées contre lui, et avoir exprimé que le meilleur moyen d'y répondre est de donner aux pièces du procès elles-mêmes une semblable publicité, dont le résultat devra être de détruire les charges de l'accusation, Fouquet ajoute : « Toutes ces choses se prou- « veront successivement : mais comme je n'ay pas les facilitez « dont M. Talon se prévaut contre moy; *qu'il a des impri-* « *meurs à sa porte, et qu'il faut que je les fasse chercher* « *bien loin, avec grands frais et grande peine;* que tout est « permis à l'accusateur et tout est interdit à l'accusé; que les « dépôts publics luy sont ouverts et me sont fermez; qu'il a « eu deux ans durant mes propres papiers, et que je ne puis « seulement les voir un quart d'heure, etc. » Le systême de *l'arbitraire pur* n'est pas, comme on le voit, d'invention nouvelle. Les entraves opposées à Fouquet ont valu à ses défenses l'avantage d'être imprimées avec une grande perfection, et de mériter d'être conservées, au moins par les amateurs de l'art typographique. Ces motifs nous ont déterminés à nous étendre un peu sur cette collection, que l'on ne trouve pas souvent complète, bien qu'elle ne soit jamais chère.

Au revers du titre du premier volume, qui a été transcrit en tête de cet article, se trouve une indication sur la manière dont commencent les cinq premiers volumes, qui tous portent la date de 1665. Sous la date de 1667, sept nouveaux volumes ont été publiés. Ils contiennent les productions de Fouquet opposées à celles de M. Talon, et l'inventaire des pièces produites à l'appui de sa défense. Parmi les pièces liminaires du premier volume de cette seconde partie se trouve un avis aux libraires, indiquant aussi de quelle manière doit commencer chacun de ces sept volumes.

Un treizième volume porte le titre suivant :

CONCLUSION DES DÉFENSES DE M^r. FOUQUET, contenant son interrogatoire, le journal de ce qui s'est passé en son affaire, depuis le jour de sa capture, ses remarques sur le procédé que l'on a tenu contre luy, les avis de ses juges, les conclusions des procureurs du Roy, et sa sentence de bannissement. (Hollande, Elzévir.) 1668. pet. in-12.

Un cocon de ver à soie sert de fleuron à ce titre , et au-dessous se trouve cette devise : *Inclusum labor illustrat.*

Entre la publication de la première et de la seconde partie des défenses, on a imprimé le volume suivant, qu'il est bon d'y joindre :

FACTUM DE MONSIEUR FOUQUET pour servir de response aux objections de fait et de droit que l'on a formées contre l'escrit dudit Sieur. Divisé en deux parties. (Hollande, Elzévir.) 1666. pet. in-12.

Les deux parties sont contenues dans un seul volume de 532 pages. Ce Factum paraît avoir été destiné à repousser les libelles que la disgrace de Fouquet fit éclore, et dans lesquels on prétendait prouver, tant par le droit civil que par le droit canon, que sa condamnation serait juste. Parmi les ennemis les plus acharnés de Fouquet se trouvèrent quelques-uns de ceux qui avaient été ses plus viles créatures, et qui ne tardèrent pas à être celles de ses ennemis devenus puissants. C'étaient les *ministériels* d'alors.

Mercure Galant.

LE MERCURE GALANT, contenant plusieurs histoires véritables, et tout ce qui s'est passé depuis le premier janvier 1672 jusques au retour du Roy. suivant la copie imprimée à Paris, chez Claude Barbin. (Hollande, Elzévir.) 1673. 3 vol. pet. in-12.

On avait commencé en Hollande, chez les Elzévirs, deux réimpressions du Mercure galant de De Visé, dont le premier volume avait été publié à Paris en 1672; mais il ne paraît pas qu'on ait donné de suite à cette double entreprise. L'une de ces réimpressions se publiait à Amsterdam et l'autre à Utrecht; la première à l'enseigne de la Sphère, et l'autre avec un fleuron insignifiant sur le titre. Aucune des deux ne contient de nom d'imprimeur, ni d'indication de ville. Les trois volumes qui viennent d'être indiqués sont de l'édition d'Amsterdam; ils sont rares, et, malgrés leur peu d'importance, ce titre suffit pour leur donner place ici. J'ai vu jusqu'à quatre volumes de l'édition publiée à Utrecht.

Ouvrages de Le Pays.

LES NOUVELLES ŒUVRES DE MONSIEUR LE PAYS. A Amsterdam, chez Abraham Wolfgank. (Elzévir.) suivant la copie de Paris. 1677. pet. in-12.

Édition bien imprimée et peu commune d'un auteur plus connu par les satires de Boileau que par ses propres ouvrages. Le premier volume contient 7 feuillets liminaires et 215 pages de texte; et le second 4 feuillets, plus 238 pages. Les ouvrages suivants, du même auteur, peuvent se joindre à ses *nouvelles OEuvres*, dont ils ne font point partie.

AMITIEZ, AMOURS, ET AMOURETTES. Par M. Le Pays. suivant la copie de Paris. (Hollande, Elzévir.) 1664. pet. in-12.

Liminaires, 12 feuillets non paginés; texte, 486 pages; table et vers en l'honneur de l'auteur, 9 feuillets.

Indépendamment des éditions françaises, qui ont dû être nombreuses, le catalogue de Daniel Elzévir de 1674 indique une édition de cet ouvrage sous la date de 1668, et il en existe une autre, imprimée aux frais de Wolfgang en 1678. On concevrait difficilement la vogue d'un pareil ouvrage, si elle n'était expliquée par le succès de quelques-uns de ceux qui paraissent de nos jours.

PORTRAIT DE L'AUTHEUR DES AMITIEZ, AMOURS ET AMOURETTES (par Le Pays, lui-même.) Envoyé à son Altesse Madame la Duchesse de Némours. suivant la copie de Paris, se vendent A Amterdam, chez Jacob de Zetter. (Elzévir.) 1665. pet. in-12.

36 pages imprimées assez fin et médiocrement. Les liminaires sont paginées avec le texte.

ZELOTYDE, histoire galante, à son Altesse Royale Monseigneur le Duc de Savoye, Prince de

Piedmont, Roy de Chypre, etc. par Monsieur
Le Pays. Cologne, Pierre Michel. (Hollande,
Elzévir.) 1666.

4 feuillets de pièces liminaires..... pages de texte.

Ouvrages de P. Corneille Blessebois.

OEuvres satirique de P. Corneille Blessebois.
A Leyde. 1676. pet. in-12.

Ce petit volume étant fort rare, nous croyons nécessaire
d'en donner la description exacte. Le titre, qui vient d'être
transcrit, est précédé d'un frontispice gravé portant la même
inscription. Vient ensuite une préface de quatre pages, suivie
d'un feuillet sur lequel on lit : *l'Almanac des Belles pour
l'année 1676. par Pierre Corneille Blessebois.* Une épître à
mesdemoiselles Jearny occupe deux autres feuillets. Aucune
de ces pièces n'est paginée; cependant la pagination est censée
commencer après la préface, puisque la première page du
texte est chiffrée 7. Le texte finit à la page 34, et est composé d'un poëme intitulé *les Quatre Saisons de l'année* 1676,
et de quelques sonnets et madrigaux.

Le Rut ou la Pudeur éteinte. P. Corneille Blessebois. (1676.) 3 tom. pet. in-12.

Espèce de roman satirique, en prose et en vers, d'une extrême licence. Il n'est pas moins rare que le volume qui précède, et se trouve ordinairement à sa suite, quoique rien
n'indique qu'il y doive nécessairement être joint. Avant le
titre qu'on vient de lire se trouve un faux titre portant : *Tome
premier.* 1676. et après, une épître à mademoiselle de Scay.

Le *Rut* commence à la page chiffrée 9, et finit, pour le premier volume, à la page 72. Les pièces qui précèdent le texte ne sont pas chiffrées, quoiqu'elles comptent dans la pagination. Le second volume commence, ainsi que le premier, par le faux titre : *Tome second.* 1676. Le titre est le même qu'au premier volume, sauf ces mots, *pièce galante*, qui sont ajoutés. Une épître à mademoiselle de Scay se trouve encore ici. Ces pièces occupent quatre feuillets non paginés, et la seconde partie commence à la page 1 et finit à la page 71. Le troisième tome n'a pas de faux titre, et son titre est figuré ainsi qu'il suit : *le Rut ou la pudeur éteinte. troisième partie par P. Corneille Blessebois. A Leyde.* 1676. Il est toujours dédié à mademoiselle de Scay. Le titre et la dédicace forment trois feuillets non paginés, et le texte va de la page 1 à la page 87, qui termine l'ouvrage.

L'Eugénie tragédie dédié à son Altesse le Prince d'Orange, par P. Corneille Blessebois.

Cette pièce, qui ne porte point de date, est probablement comme les précédentes, avec lesquelles elle est habituellement reliée, de 1676. Après le titre se trouve une dédicace au prince d'Orange et un sonnet au lecteur. Ces liminaires occupent 10 pages, et la tragédie commence à la page 11. Elle finit à la page 52, et est suivie de trois feuillets non paginés contenant des *portraits* en vers.

Le titre, *OEuvres satyriques*, qui se lit en tête du premier des ouvrages de P. C. Blessebois, que nous venons de citer, paraît être un titre général, destiné à se placer au commencement des collections de ses œuvres. Ces collections ne sont pas toujours rangées dans le même ordre, et l'on en trouve de plus ou moins complètes. Ainsi, outre les pièces dont nous avons donné la nomenclature, M. Brunet en cite une intitulée : *Marthe le Hayer, ou Mademoiselle de Scay,*

petite comédie, imprimée pour l'auteur, en 1676, de 24
pages; et une autre sous le titre suivant: *le Lyon d'Angélie*,
histoire amoureuse et tragique. Cologne, Simon l'Africain.
1676. Suivi du *Temple de Marsyas*. J'ai vainement cherché
à me procurer ces deux ouvrages, pour lesquels je suis forcé
de renvoyer au *Manuel du Libraire*. On trouvera dans ce
dictionnaire un article très-judicieux, dans lequel M. Brunet
démontre que les ouvrages de Blessebois ne peuvent pas avoir
été imprimés par un Elzévir, à Leyde, en 1676, puisque
aucun imprimeur de ce nom n'a exercé son art dans cette
ville postérieurement à 1661. Cette considération n'a pas dû
nous empêcher de placer ici ces ouvrages que l'on annexe
habituellement aux collections d'Elzévirs, et qui sont assez
rares pour que le prix en ait été porté jusqu'à 150 et même
plus de 200 francs.

M. de Beauchamps, dans ses recherches sur le théâtre, indique encore comme étant de P. C. Blessebois: *la Corneille de
mademoiselle de Scay* et *Fillon réduite à.....* Ce dernier titre
est donné en entier dans la Bibliothèque du Théâtre-Français
ainsi qu'il suit: *Filon réduit à mettre cinq contre un. Amu-
sement pour la jeunesse.* Je n'ai jamais vu ces deux derniers
ouvrages, et M. Brunet ne paraît pas avoir été plus heureux
que moi, puisqu'il ne les cite même pas.

TROISIÈME PARTIE.

••••••••••••••••••

OUVRAGES RELATIFS

A LA POLITIQUE, A L'HISTOIRE ET A LA RELIGION.

Des diverses parties qui composent ce volume, celle-ci était susceptible d'être la plus étendue. Le nombre des ouvrages sur l'histoire, des pamphlets sur la politique, et des livres de théologie orthodoxe et sur-tout hétérodoxe publiés par les Elzévirs, est très-considérable. A la vérité la plupart n'avaient qu'un intérêt de circonstances qui n'existe plus du tout aujourd'hui; et vouloir les indiquer tous, ce serait présenter une nomenclature souvent bien aride et bien peu intéressante. Dans le choix que nous avons fait, nous avons tâché de n'omettre aucun ouvrage véritablement digne d'attention; mais nous aurons difficilement réussi au gré de nos désirs, et sur-tout de ceux de tous les lecteurs.

Aux ouvrages publiés par les Elzévirs, nous avons cru pouvoir en joindre quelques autres, imprimés aussi en Hollande, à la même époque, et avec des caractères semblables à ceux qu'ils employaient, lorsque ces ouvrages sont rentrés dans le cadre que nous nous étions tracé.

Le peu d'importance des ouvrages a dû nous rendre sobres de notes : aussi nous sommes-nous presque toujours bornés aux indications nécessaires pour ne pas confondre les éditions dont nous nous occupions avec d'autres. Il nous a de même paru inutile de faire connaître toutes les éditions des ouvrages imprimés plusieurs fois par les Elzévirs, et nous avons pensé qu'il suffisait de désigner la meilleure. Enfin, nous n'avons pas apprécié la valeur des ouvrages qui suivent, parce qu'en général elle ne sort pas des limites ordinaires. Ceux qui, à raison de la matière qui y est traitée, se seraient rattachés à cette classe, mais qui, pour leur rareté, ou par tout autre motif, se paient habituellement des prix considérables, ont été portés dans la première.

ESSAI

BIBLIOGRAPHIQUE

SUR LES ÉDITIONS

DES ELZÉVIRS.

———————

DE LA CHARGE DES GOUVERNEURS DES PLACES. Par Messire Anthoine de Ville chevalier. Dernière édition. Jouxte la copie imprimée à Paris. (Hollande, Elzévir.) 1640. pet. in-12.

Pièces liminaires, 6 feuillets; texte, 662 pages; table des matières, 11 feuillets.

RELATION DE L'ESTAT DE LA RELIGION, et par quels desseins, et artifices, elle a été forgée, et gouvernée en divers estats de ces parties occidentales du monde. Tirée de l'Anglois, du Chevalier Edwin Sandis. avec des additions notables. (Hollande, Elzévir.) 1641. pet. in-12.

Liminaires, 3 feuillets; texte, 419 pages; table, 6 autres pages.

La Sainte Chorographie ou Description des lieux ou réside l'Eglise Chrestienne par tout l'univers. Par P. Geslin. A Amsterdam, chez Louys Elzevier. 1641. pet. in-12.

101 pages, tout compris.

Le Parfait Ambassadeur traduit de l'Espagnol (de Jean Antoine de Vera et Zuniga) en François par le sieur Lancelot. divisé en trois parties. Jouxte la copie imprimée à Paris. (Hollande, Elzévir.) 1642. pet. in-12.

Pièces liminaires, 3 feuillets; texte, 602 pages, la dernière chiffrée par erreur 502; table des matières, 6 feuillets.

L'Utopie de Thomas Morus, chancelier d'Angleterre, traduicte par Samuel Sorbière. A Amsterdam, chez Jean Blaeu. 1643. pet. in-12.

Bien que cette jolie et peu commune édition ne porte pas le nom d'Elzévir, il est difficile de ne pas la joindre à la collection qui nous occupe. Elle se compose de 8 feuillets de liminaires et de 210 pages de texte.

Religio Medici (opus ex Anglico sermone Thomæ Browne in latinum conversum à Jo. Merryweather, Anglo.) Lugd. Batavorum, apud Franciscum Hackium. A°. 1644. pet. in-12.

242 pages, y compris les pièces liminaires, qui ne sont

point chiffrées, et qui cependant comptent dans la pagination; plus 2 feuillets de table et d'errata.

LA RELIGION DU MÉDECIN (1), c'est à dire : Description nécessaire par Thomas Brown médecin renommé à Norwich; touchant son opinion accordante avec le pur service divin d'Angleterre. Imprimée (en Hollande, chez les Elzévirs) l'an 1668. pet. in-12.

12 feuillets liminaires; 360 pages de texte.
Traduction de l'ouvrage précédent, augmentée de nombreuses notes.

LE CONSEILLER D'ESTAT : ou Recueil des plus générales considérations servant au maniement des affaires publiques. Divisé en deux parties. En la première est traicté de l'établissement d'un estat, en la seconde des moyens de le conserver et de l'accroistre. (Par Ph. de Béthune.) suivant la copie imprimée à Paris. (Hollande, Elzévir.) 1645. pet. in-12.

Les pièces liminaires, au nombre desquelles se trouve la table des chapitres et matières, occupent 19 feuillets, et le texte 539 pages.

---

(1) Il nous a paru convenable de placer toujours les traductions immédiatement après les ouvrages originaux, sans égard pour l'ordre chronologique, auquel nous dérogeons seulement dans cette circonstance.

ENTRETIEN DU SAGE MINISTRE D'ESTAT, sur l'égalité de sa conduite en faveur et en disgrace.
A Leyden, chez les Elzeviers. 1645. pet. in-12.

Liminaires, 8 feuillets; texte, 103 pages. Cet ouvrage a
reparu sous la date de 1652.

SPECULUM BONI PRINCIPIS ALPHONSUS REX ARA-
GONIÆ. hoc est, dicta et facta Alphonsi Regis
Aragoniæ. Primum IV. libris confusè descripta
ab Antonio Panormita : sed nunc in certos
titulos et canones, maximè Ethicos et Politi-
cos, digesta; similibus quoque quibusdam, et
dissimilibus, ex Æneæ Sylvii commentariis,
nec non chronologia vita et rerum gestarum
ejusdem Alphonsi, aucta. sic digessit et auxit
Joannes Santes, cognomento Santenus. Amstelodami. Apud Ludovicum Elzevirium. 1646.
pet. in-12.

12 feuillets liminaires, dont un frontispice gravé et un
titre imprimé; texte, 270 pages; *index personarum et rerum*,
26 feuillets.

ECLAIRCISSEMENT DE QUELQUES DIFFICULTÉS touchant l'Administration du Cardinal Mazarin.
Première partie par le sieur de Silhon. Jouxte
la copie à Paris de l'Imprimerie Royale. (Hollande, Elzévir.) 1651. pet. in-12.

Liminaires, 12 feuillets; texte, 311 pages. Le titre porte : *Première Partie*, mais il ne paraît pas qu'il y en ait eu de seconde.

LE CORPS POLITIQUE, ou les Éléments de la loy morale et civile. Avec des réflections sur la loi de nature, sur les serments, les pacts, et les diverses sortes de gouvernements : leurs changements et leurs révolutions, par Thomas Hobbes. (Traduit du latin en français par Samuel Sorbière.) Leide, Jean et Daniel Elzevier. 1653. pet. in-12.

Liminaires, 4 feuillets, dont un blanc; texte, 231 pages.

Il existe, sous la date de 1652, une édition fort mal imprimée que quelques bibliographes indiquent, à tort, comme préférable à celle-ci. L'édition de 1652 est précédée d'un frontispice allégorique représentant un homme très-grand, composé d'une multitude de petits hommes : celle-ci n'a qu'un titre imprimé.

PRÆADAMITÆ, sive exercitatio super versibus duodecimo, decimo-tertio, et decimo-quarto, capitis quinti epistolæ D. Pauli ad Romanos. Quibus indicuntur primi homines ante Adamum conditi. [authore de La Peyrère.] (Batavia, Elzévir.) Anno salutis, 1655. pet. in-12.

317 pages chiffrées, plus à la fin du volume une partie de 7 pages non chiffrées.

Cet ouvrage, autrefois fort recherché, et tombé aujourd'hui dans un assez grand oubli, est ordinairement suivi de celui-ci :

ANIMADVERSIONES IN LIBRUM PRÆADAMITARUM. In quibus confutatur Nuporus scriptor, et primum omnium hominum fuisse Adamum, defenditur. Authore Eusebio Romano. (Batavia, Elzévir.) Anno 1656. pet. in-12.

10 feuillets liminaires; 123 pages de texte.

TRAICTÉ DE LA COUR, ou Instruction des Courtisans par M. du Refuge. Dernière édition. A Amsterdam, chez les Elzeviers. 1656. pet. in-12.

Liminaires, 4 feuillets; texte, 350 pages, la dernière chiffrée par erreur 305; table, 13 feuillets.

Une autre édition, sous la date de 1649, a été imprimée à Leide. Elle a 377 pages de texte, et n'est cependant pas plus complète que celle-ci. Ces deux éditions ne sont bien imprimées ni l'une l'autre; néanmoins la dernière paraît préférable.

MÉMOIRES DE LA REYNE MARGUERITE (publiés par Mauléon de Granier). Nouvelle édition plus correcte. Bruxelles, François Foppens. (Hollande, Elzévir.) 1658. pet. in-12.

Ce volume a 197 pages, tout compris. Au commencement des Mémoires se trouve la tête de buffle, et à la fin un coq sert de fleuron. Cet ouvrage a été souvent contrefait. L'édition qui vient d'être indiquée est celle que l'on doit préférer.

LES NÉGOTIATIONS DE MONSIEUR LE PRÉSIDENT
JEANNIN. Jouxte la copie de Paris, chez Pierre
le Petit. (Hollande, Elzévir.) 1659. 2 vol.
in-12.

Premier volume : liminaires, 17 feuillets dont la table des
matières et un portrait gravé, de Jeannin, font partie; texte,
944 pages. Second volume : point de titre, mais seulement
un faux titre portant : *Suitte de la Négotiation de Monsieur
le Président Jeannin;* texte, 713 pages; table, 18 pages.

Ces Mémoires se trouvent difficilement bien conservés. Ils
ont été portés, à la vente de Chénier, au prix de 35 francs,
et les beaux exemplaires se vendent quelquefois plus cher.

L'HISTOIRE D'AUCUNS FAVORIS, par feu Monsr.
P. D. P. (Pierre Du Puis). Amsterdam, chez
Antoine Michiels. (Elzévir.) 1660. pet. in-12.

Volume de 336 pages.
Jean Elsevier avait imprimé l'année précédente, de format
petit in-4°, l'ouvrage dont le titre suit : *Histoire des plus
illustres Favoris anciens et modernes, recueillie par feu Mon·
sieur P. D. P. (Pierre Du Puis.) avec un journal de ce qui
s'est passé à la mort du Maréchal d'Ancre. A Leide, chez
Jean Elsevier, Imprimeur de l'Académie.* 1659. Cet ouvrage
fut réimprimé à Paris, *sur l'imprimé à Leide,* la même année
et de format in-12. Un imprimeur de Paris faisait ainsi, dans
cette circonstance, à l'égard des Elzévirs, ce que ceux-ci
avaient fait assez souvent à l'égard des imprimeurs de Paris.
Sur vingt-sept histoires de favoris contenues dans l'édition
in-4°, cinq seulement ont été choisies pour former le vol.
petit in-12 qui fait l'objet de cet article. M. Brunet dit que
ce volume n'est pas l'ouvrage de Du Puis; il aurait dû dire
que ce n'en était qu'une partie.

RELATION DE CE QUI S'EST PASSÉ EN ESPAGNE à la disgrace du Comte-Duc d'Olivarès. Traduite d'Italien en François. Amsterdam, Antoine Michiels. (Elzévir.) 1660. pet. in-12.

116 pages.

LE MINISTRE D'ESTAT, avec le véritable usage de la politique moderne par le sieur de Silhon. Amsterdam, Antoine Michiels. (Elzévir.) 1661 à 1662. 3 vol. pet. in-12.

Premier volume : 12 feuillets liminaires ; 384 pages de texte. Second volume : 12 feuillets liminaires ; 485 pages de texte. Troisième volume : 12 feuillets liminaires ; 488 pages de texte, 11 pages de table. Dans les deux premiers volumes les tables sont au nombre des pièces liminaires.

Il existe une autre édition de cet ouvrage, donnée aussi par les Elzévirs de 1641 à 1643 ; mais elle se borne aux deux premiers volumes, que l'on complète quelquefois avec le troisième volume de 1662. Cette première édition est annoncée par M. Brunet, et par d'autres bibliographes, comme ayant trois volumes, ce qui est évidemment une erreur. Le troisième volume n'a pu paraître qu'après la mort du cardinal de Mazarin, arrivée en 1661, puisqu'il est question de cette mort dans l'épître dédicatoire adressée au roi, à qui Silhon rappelle que le cardinal lui a recommandé *ses petits intérêts* avant de mourir.

MÉMORIAL PRÉSENTÉ AU ROY D'ESPAGNE, pour la deffense de la réputation, de la dignité, et de

la personne de l'illustrissime et révérendissime
Dom Bernardino de Cardenas Evesque de Pa-
raguay dans les Indes. Conseiller du Conseil
de Sa Majesté, et religieux de l'ordre de
S. François. Contre les religieux de la Compagnie de Jésus. Et pour répondre aux Mémo-
riaux présentés à sa dite Majesté, par le P.
Julien de Perdraça, procureur général des Jésuites dans les Indes. Traduit fidellement sur
l'imprimé Espagnol; (Hollande, Elzévir.) 1662.
pet. in-12.

322 pages.

HISTOIRE DE L'EMPEREUR CHARLES V. par Don
Jean Antoine de Vera et Figueroa, comte de
la Roca, etc. Traduite d'Espagnol en François
par le sieur Du Perron Le Hayer, etc. revue
et corrigée par A. F. D. en M. et Ch. de Wal.
Bruxelles, François Foppens. (Hollande, Elzévir.) 1663. pet. in-12.

8 feuillets liminaires; 355 pages de texte.

TESTAMENT DU DEFUNCT CARDINAL JULI MAZARINI,
Duc de Nivernois, etc. Premier Ministre du
Roy de France. Jouxte la copie à Paris. (Hol-
lande, Elzévir.) 1663. pet. in-12.

52 pages.

Il ne s'agit point ici d'un testament politique, mais bien du testament notarié par lequel le cardinal Mazarin a disposé de sa prodigieuse fortune.

RECUEIL DE PLUSIEURS PIÈCES servans à l'Histoire moderne, dont les tiltres se trouvent en la page suivante. Cologne, Pierre Du Marteau. (Hollande.) 1663. pet. in-12.

Ce recueil contient les pièces suivantes : Discours d'une trahison tramée contre le Roy Henry IV. en l'an 1604. — Négotiation faite à Milan avec le feu Prince de Condé, en 1609. — La retraitte de Monsieur en Flandres et son retour. — L'emprisonnement de Puylaurens. — La retraitte de Monsieur à Blois. Son accommodement. — Convocation de l'arrière ban pour le siége de Corbie. — Mémoires de ce qui s'est passé à l'affaire de Monsieur le Grand. — Mémoires de Monsieur de Fonteraille, de ce qui s'est passé à la cour pendant la faveur de Monsieur le Grand. — Instruction du procès et exécution de Messieurs le Grand et de Thou. — Mémoire touchant les affaires du Comte de Soissons et les Ducs de Bouillon et de Guise. — Motifs de la France pour la guerre d'Allemagne, et quelle y a esté sa conduitte. — Lettre d'un estranger au sujet de la paix entre la France et l'Espagne.

2 feuillets liminaires; 524 pages de texte.

RELATION DE LA COUR DE ROME, faite l'an 1661. au Conseil du Pregadi, par l'excellentissime seigneur Angelo Corraro, Ambassadeur de la Sérénissime République de Venise auprès du Pape Alexandre VII. A Leide, chez Almarigo Lorens. (Elzévir.) 1663. pet. in-12.

4 feuillets liminaires, 136 pages de relation.

Mémoires de M. D. L. R. (M. de La Rochefoucauld) sur les brigues à la mort de Louis XIII. Les guerres de Paris et de Guyenne, et la prison des Princes. Lettre du Cardinal (de Mazarin) à Monsieur de Brienne. Articles dont sont convenus son Altesse Royale Monsieur le Prince pour l'expulsion du Cardinal Mazarin. Apologie pour Monsieur de Beaufort. Mémoires de Monsieur de la Chastre. Cologne. Pierre Van Dyck. (Hollande, Elzévir.) 1664. pet. in-12.

400 pages.

Ces mémoires ont été imprimés sous les dates de 1662, 1663, 1664, et 1665. Chacune de ces éditions a 400 pages. Elles contiennent exactement les mêmes pièces, seulement leur ordre n'est pas tout-à-fait le même dans la première édition que dans les autres. Cette première édition paraît moins correcte que les suivantes et contient une page d'errata; la seconde, dans un avis au lecteur, annonce des corrections; enfin, les deux dernières, copiées sur celle-ci, sont beaucoup mieux imprimées.

Recueil de diverses Pièces curieuses pour servir à l'Histoire. Cologne, Jean Du Castel. (Hollande, Elzévir.) 1664. pet. in-12.

Ce recueil contient les pièces suivantes : I. Réponse faite aux mémoires de Monsieur le comte de la Chastre, par M. le comte de Brienne, ministre et secrétaire-d'estat. II. Conjuration de la donna Hyppolite d'Arragon, baronne d'Alby,

sur la ville de Barcelonne en faveur du Roy catholique.
III. Relation de la Mort du marquis de Monaldeschi, grand
escuyer de la Reyne Christine de Suède, fait par le révérend
père Le Bel, ministre de l'ordre de la Sainte-Trinité, du
couvent de Fontaine-Bleau. Le 6 novemb. 1657. IV. Motifs
de la France pour la guerre d'Allemagne et qu'elle y a esté
sa conduitte. V. Lettre au nom d'un estranger, au sujet de la
paix entre la France et l'Espagne. Et la relation de la Cons-
piration de Valstein (par Sarrasin), qui n'est pas portée sur
la table.

Il existe de ce recueil deux éditions sous la même date;
l'une a 296 et l'autre, qui est indiquée ici, a 297 pages. Dans
cette dernière, les chiffres de la pagination sont en italiques,
et il y a à la fin un fleuron qui ne se trouve pas dans l'autre.
L'édition qui a le plus grand nombre de pages est sensible-
ment mieux imprimée que l'autre.

Les trois premières pièces qui composent ce recueil avaient
été imprimées séparément, par les Elzévirs, en 1662, sous
la rubrique de Cologne, chez Jean Du Castel. Le recueil
de 1664, plus complet et mieux imprimé, a dû faire oublier
le précédent.

CONCLAVE NEL QUALE FU ELETTO FABIO CHIGGI,
  detto Alessandro VII. (Olanda, Elzevir.) 1664.
  pet. in-12.

Volume de 162 pages tout compris.
En 1667 une imitation libre de ce petit ouvrage a paru en
français, sous la rubrique de Cologne, mais réellement imprimée en Hollande. Cette imitation, qui a 133 pages, est
extrêmement mal imprimée.

LES COMMENTAIRES DE CÉSAR. De la traduction
  de N. Perrot, sieur d'Ablancourt. Nouvelle

édition. A Rouen, et se vendent à Paris, chez Thomas Jolly. 1665. pet. in-12.

Liminaires, 16 feuillets; texte, 519 pages : il n'y a point de table des matières.

Ce volume est remarquable en ce que les six premières feuilles, de A à G, ont été imprimées à Amsterdam, chez Daniel Elzévir, tandis que le surplus du volume l'a été à Rouen, chez L. Maurry. Il faut un œil exercé pour reconnaître la différence qui existe entre ces deux parties, parce que Maurry employait, comme Daniel, des caractères de Garamond, et qu'on ne distingue guère la partie hollandaise qu'à la supériorité du tirage. Indépendamment du changement de papier et de l'emploi des vignettes et majuscules, propres aux Elzévirs, qui se trouvent dans les feuilles A à G, le fait de la coopération d'un autre imprimeur que Maurry à ce livre, se trouve prouvé par l'annotation suivante, qui se lit après le privilége et à la fin des pièces liminaires. « Cette édition imprimée *en partie* et achevée en avril 1665. A Rouen par L. Maurry ».

L'HOMME CRIMINEL, ou la Corruption de la Nature par le péché, selon les sentiments de Saint Augustin. Par le R. P. Jean François Sénault, Prestre de l'Oratoire de Jésus. A Amsterdam, chez Pierre le Grand. (Elzévir.) 1665. pet. in-12.

Liminaires, 12 feuillets ; texte, 586 pages.

MÉMOIRES DE MONSIEUR DE MONTRÉSOR. Diverses pièces durant le ministère du Cardinal de Richelieu. Relation de Monsieur de Fontrailles.

Affaires de Messieurs le comte de Soissons,
ducs de Guise et de Bouillon, etc. Leyde, Jean
Sambix. (Elzévir.) 1665. 2 vol. pet. in-12.

Premier volume : liminaires, 2 feuillets ; texte, 431 pages.
Second volume : liminaires, 4 feuillets ; texte, 385 pages.

TRAITÉ DES RESTITUTIONS DES GRANDS (par Joly)
précédé d'une lettre touchant quelques points
de la morale chrestienne. (Hollande, Elzévir.)
1665. pet. in-12.

La lettre annoncée sur le titre est paginée séparément et
contient 96 pages ; le traité est contenu dans une seconde
lettre d'un prestre docteur ès droits, à un confesseur. Il renferme 228 pages.

PENSÉES D'UN GENTILHOMME, qui a passé la plus
grande partie de sa vie dans la cour et dans la
guerre. (Par de Bourdonné.) Jouxte la copie
à Paris, chez Antoine Vitré, imprimeur du Roy.
(Hollande, Elzévir.) 1665. pet. in-12.

Liminaires, 8 feuillets ; texte, 366 pages.

LA CONJURATION DU COMTE JEAN LOUIS DE FIES-
QUE. (Par le cardinal de Retz.) A Cologne.
(Hollande, Elzévir.) 1665. pet. in-12.

136 pages.

L'APOCALYPSE DE MELITON. Ou Révélation des
Mystères cénobitiques par Meliton. A Sainct

Leger chez Noël et Jacques Chartier. (Hollande, Elzévir.) 1665. pet. in-12.

4 feuillets liminaires; 230 pages de texte; 1 feuillet de table.

LES TABLEAUX DE LA PÉNITENCE. Par Messire Antoine Godeau, Evesque de Vence. Nouvelle édition. Jouxte la copie à Paris, chez Thomas Jolly. (Hollande, Elzévir.) 1665. pet. in-12. fig.

13 feuillets liminaires; 347 pages de texte; plus, 22 figures.

LES CONSTITUTIONS DU MONASTÈRE DE PORT ROYAL DU S. SACREMENT. A Mons, chez Gaspard Migeot. (Hollande, Elzévir.) 1665. pet. in-12.

Liminaires, 8 feuillets; texte, 528 pages; errata une page. Nous avons expliqué dans la notice sur les Elzévirs, pourquoi ce livre, ainsi que beaucoup d'autres relatifs à la religion catholique, se trouve porter l'indication d'un pays catholique, quoiqu'il ait été imprimé en Hollande.

CODICILE D'OR, ou petit Recueil tiré de l'Institution du Prince chrestien composée par Erasme. Mis premièrement en françois sous le Roi François I, et à présent pour la seconde fois. Avec d'autres pièces énoncées en la page suivante. (Hollande, Elzévir.) 1665. pet. in-12.

Volume de 187 pages, plus, 2 pages de corrections et additions.

VOYAGE D'ESPAGNE contenant entre plusieurs par-
ticularitez de ce Royaume, trois discours politiques sur les affaires du Protecteur d'Angle-
gleterre, la Reine de Suède, et du Duc de Lorraine (par FRANÇOIS AARSEN DE SOMMERDYCK.)
Reveu, corrigé et augmenté sur le M. S. avec
une relation de l'estat et gouvernement de cette
monarchie; et une relation particulière de Madrid. Cologne, Pierre Marteau. (Hollande, Elzévir.) 1666. 3 part. 1 vol. pet. in-12.

6 feuillets liminaires contenant le titre et la table des chapitres; 360 pages pour le voyage; 120, y compris la table
de 2 pages, pour la *Relation de l'estat et gouvernement d'Espagne*; et 24 pages pour la *Relation de Madrid.* Ces trois
parties sont paginées séparément.

Ce voyage a été imprimé sous la même date, aussi par
les Elzévirs, mais sans aucune indication, de ville ni d'imprimeur, et certainement avant l'édition dont nous donnons
ici le titre. Ce qui prouve incontestablement la priorité de
cette autre édition, c'est qu'elle est précédée d'une dédicace au
prince d'Orange, qu'il est assez naturel de n'avoir pas inséré
dans une réimpression, et qu'elle ne contient pas la première des deux relations qui viennent d'être indiquées. Ce
dernier motif rend la seconde édition préférable à celle que
nous regardons comme la première.

Dans son catalogue, M. Renouard dit que l'édition ci-
dessus *contient entre autres choses une historiette assez leste
qui fut supprimée dans une réimpression de la même année
1666;* et dans le Manuel de M. Brunet on lit: *Cette historiette assez leste (nous dirions nous assez sale), qui est
dans la relation de Madrid, se lit aussi bien dans une édition que dans l'autre.* L'historiette dont il s'agit n'est point

dans la relation de Madrid. Elle est à la page 43 du *Voyage* dont nous avons donné le titre, et elle se trouve aussi à la page 56 de l'édition dédiée au Prince d'Orange. Ce qui a dû tromper M. Renouard, c'est que dans l'une elle fait partie du Chap. VII, et que dans l'autre elle est rapportée au Chap. IX. Dans le Chap. VII on l'attribue au Roi d'Espagne lui-même, et dans le Chap. IX on la raconte, sans indiquer les acteurs, sous la désignation marginale : *Historiette lascive d'une autre courtisane.*

OBSERVATIONS SUR UN MANUSCRIT intitulé Traitté du Péculat (par Roland Le Vayer de Boutigny). (Hollande, Elzévir.) 1666. pet. in-12.

Liminaires, 6 feuillets; texte, 288 pages.

Le manuscrit, dont il est ici question, se trouve imprimé dans le corps même des observations qui lui servent de réponse. Cet ouvrage paraît avoir été destiné à la justification de Fouquet, bien que l'auteur affecte de s'en défendre.

ROMA PIANGENTE, o Dialogi tra'l Tevere e Roma. In Leida, appresso Battista Vero. (Elzévir.) 1666. pet. in-12.

58 pages.

ROME PLEURANTE, ou les Entretiens du Tibre et de Rome. Traduit de l'italien par M. B. A. A Leyde, chez Henry et Pierre de Lorme. (Elzévir.) 1666. pet. in-12.

68 pages.
Traduction du volume précédent.

RECUEIL DE DIVERSES PIÈCES servant à l'histoire de
Henri III. Roy de France et de Pologne. Augmenté en cette nouvelle édition suivant les
titres qui se trouvent à la page suivante. Cologne, Pierre du Marteau. (Hollande, Elzévir.)
1666. pet. in-12.

600 pages, tout compris.
Ce recueil contient : I. Journal du règne de Henry III,
composé par M. S. A. G. A. P. D. P. (Pierre de l'Estoile).
II. Le Divorce satyrique, ou les Amours de la Reyne Margue-
rite de Valois, sous le nom D. R. H. Q. M. (par Victor
Palma Cayet). III. L'Alexandre, ou les Amours du Roy
Henry-le-Grand, par M. L. P. D. G., sur l'impression de
Paris de l'an 1651 (par mademoiselle de Guise). IIII. Apo-
logie pour le Roy Henry quatre par madame la duchesse de
Rohan. V. La Confession de M. de Sancy par L. S. D. A.,
auteur du Baron de Feneste (d'Aubigné). VI. Discours mer-
veilleux de la vie de Catherine de Médicis (attribué à Henri
Étienne).
Des éditions moins complètes de ce recueil avaient paru
en 1662 et en 1663.

RECUEIL HISTORIQUE contenant diverses pièces curieuses de ce temps. Cologne, Christophre van
Dyck. (Hollande, Elzévir.) 1666. pet. in-12.

2 feuillets liminaires et 350 pages de texte, terminées par un
fleuron. Le *buffle* se trouve en tête de chacune des pièces qui
composent ce recueil.
Ce recueil contient les pièces suivantes : Projet pour l'entreprise d'Alger. — Relation des voyages faits à Thunis par
le sieur de Bricard. —Relation contenant diverses particula-

ritez de l'expédition de Gigery de l'année 1664. — Relation
de la campagne de Hongrie, et des combats de Kermain et
S. Godart entre les trouppes allemandes et françoises, et
l'armée des Turcs. — Discours abrégé des asseurez moyens
d'anéantir la monarchie des princes Ottomans. — Relation
de tout ce qui s'est passé au voyage de Naples, par Monsieur
le duc de Guise. — Discours historique et politique sur les
causes de la guerre d'Hongrie. — Discours politique sur le
traitté de paix fait entre Léopold I., empereur des Romains,
et Mahomet dernier, empereur des Turcs.

INTÉRÊTS ET MAXIMES DES PRINCES ET DES ESTATS
SOUVERAINS. A Cologne, chez Jean Du Païs.
(Hollande, Elzévir.) 1666. 2 part. 1 vol. pet.
in-12.

Ce volume se compose de deux ouvrages distincts ayant
chacun leur titre et leur pagination particulière. Le premier
a 4 feuillets liminaires et 248 pages de texte. Le second a
245 pages, y compris le titre et quelques pièces liminaires.

Les *Intérêts des Princes* sont composés sur l'ouvrage du
Duc de Rohan, qui porte le même titre. Les sujets traités
par lui ne contiennent presqu'aucun changement; mais on a
ajouté un grand nombre de chapitres à ceux auxquels il s'é-
tait borné. Nous n'avons pas pu découvrir le nom de ce con-
tinuateur du Duc de Rohan, pas plus que celui de l'auteur
des *Maximes des Princes*.

Une réimpression de ces deux ouvrages, bien moins belle,
mais ayant exactement le même nombre de pages, a été faite
sous la même date. On la reconnaît à ce que ces mots: *à
Cologne*, sont précédés de ceux-ci : *sur l'imprimé*.

RELATION D'UN VOYAGE EN ANGLETERRE, où sont
touchées plusieurs choses, qui regardent l'es-

tat des sciences, et de la religion, et autres matières curieuses. (Par Samuel Sorbière.) A Cologne, chez Pierre Michel. (Hollande, Elzévir.) 1666. pet. in-12.

Volume composé de 4 feuillets liminaires, de 180 pages de texte, et de 3 pages pour la table de matières.

Ce voyage a été réimprimé l'année suivante; mais cette nouvelle édition, qui n'a que 167 pages de texte, est inférieure à la première.

Réponse aux faussetés et aux invectives qui se lisent dans la relation du voyage de Sorbière en Angleterre. A Amsterdam, chez Jean Maximilian Lucas, (Elzévir) l'an 1675. pet. in-12.

Cette réponse contient 136 pages, précédées de 4 feuillets de pièces liminaires. Le titre porte pour fleuron une couronne entourée de l'épigraphe suivante : *Non coronabitur nisi qui legitimè certaverit.*

Nous avons cru convenable, malgré la différence de date, de placer la réponse à la suite de l'ouvrage qu'elle réfute.

Opere Scelte di Ferrante Pallavicino, cioè, Il Divortio celeste. Il Corriero svaliggiato. La Bacinata. Dialogo trà due soldati del Duca di Parma. La Rete di Vulcano. L'Anima. Di nuovo ristampato, corretto, et aggiuntovi la vita dell' autore, e la continuatione del Corriero. In Villa Franca. (Olanda, Elzevir.) 1666. pet. in-12.

12 feuillets liminaires non chiffrés; plus, 588 pages pour le reste du volume.

HISTOIRE DE DONNA OLIMPIA MALDACHINI, traduite de l'italien de l'abbé Gualdi. Leyde, Jean Du Val. (Elzévir.) 1666. pet. in-12.

218 pages.

CONSIDÉRATIONS POLITIQUES SUR LES COUPS D'ESTAT. Par Gabriel Naudé, Parisien. Sur la copie de Rome. (Hollande, Elzévir.) 1667. pet. in-12.

2 feuillets liminaires et 344 pages de texte.

BOUCLIER D'ESTAT ET DE JUSTICE, contre le dessein manifestement découvert de la monarchie universelle, sous le vain prétexte des prétentions de la Reyne de France. (Par le baron de Lisola.) Nouvelle édition. (Hollande, Elzévir.) 1667. pet. in-12.

251 pages.

MÉMOIRES D'UN FAVORY de Son Altesse Royalle Monsieur le Duc d'Orléans. (Du Bois d'Annemets.) Leyde, Jean Sambix. (Hollande, Elzévir.) 1667. pet. in-12.

2 feuillets liminaires, 239 pages de texte.
Cet ouvrage est fort mal imprimé, mais il se trouve difficilement, et se paie jusqu'à 15 et 20 francs.

IL NIPOTISMO DI ROMA, o vero relatione delle raggioni che muovono i Pontefici, all' aggrandimento de' Nipoti. Del bene, e male che hanno portato alla Chiesa doppo Sisto IV. sino al presente. Delle difficoltà che incontrano i ministri de' principi nel trattare con loro, et insieme col rimedio opportuno per liberarsi da tali difficoltà. E della causa perche le famiglie de' Pontifici non sono durate lungo tempo in grandezza. (Olanda, Elzevir.) 1667. 2 vol. pet. in-12.

Premier volume : 12 feuillets liminaires, 208 pages de texte. Le second volume commence par un faux titre compris dans la pagination et a 248 pages de texte; plus, 12 feuillets de tables.

LE NÉPOTISME DE ROME. Ou Relation des raisons qui portent les Papes à aggrandir leurs neveus. Du bien et du mal qu'ils ont causé à l'Église depuis 'Sixte IV. jusqu'à maintenant. Des difficultés que les Ministres des Princes trouvent à traitter avec eus, et en même temps des véritables moyens de s'en tirer, et d'où vient que les familles des Papes n'ont pas pu subsister longtemps avec éclat. Traduction de l'italien. (Hollande, Elzévir.) 1669. 2 vol. pet. in-12.

Premier volume: liminaires, 14 feuillets; texte, 224 pages. Second volume; texte, y compris un faux titre qui commence le volume, 264 pages; tables 12 feuillets.
Traduction de l'ouvrage précédent.

Mémoires du Marquis de B*** (Beauvau) concernant ce qui s'est passé de plus mémorable sous le regne de Charles IV. Duc de Lorraine et de Bar. (Hollande, Elzévir.) pet. in-12.

Liminaires, 4 feuillets; texte, 446 pages.

Ce volume ne porte point de date, mais à juger de la similitude de son impression avec celle des mémoires pour l'Histoire du Cardinal Duc de Richelieu, il a dû paraître vers 1667.

Une suite de ces mémoires, pour servir à l'histoire de Charles V, Duc de Lorraine, a paru, en 1688, en Hollande, sous la rubrique de Cologne, chez Pierre Marteau. Ce dernier volume a 290 pages. Il est inutile de rappeler qu'à raison de sa date, il ne peut pas être attribué aux Elzévirs.

Il Puttanismo romano : ò vero Conclave generale delle puttane della corte; per l'ellettione del nuovo Pontifice. 1668. pet. in-12.

130 pages.

Il existe de cet ouvrage satyrique trois éditions, une sous la même date que celle-ci, et une autre sans date. Les deux qui ne sont pas indiquées ici sont si mal imprimées, qu'elles se distingueront à la simple inspection, indépendamment de ce qu'elles ne contiennent pas le même nombre de pages.

Le Putanisme, ou la Confrérie des Putains de Rome, assemblées en Conclave pour l'élection d'un nouveau Pape. Avec un Dialogue de Pasquin et de Marforio sur le mesme sujet. Satyre comique de Baltasar Sultanini Bressan.

Reveue, et corrigée de nouveau, traduit de l'italien. A Cologne. (Hollande, Elzévir.) 1670. pet. in-12.

Liminaires, 6 feuillets; texte, 144 pages.
Cette traduction est fort rare.

MÉMOIRES DE MONSIEUR DE LYONNE AU ROY, interceptez par ceux de la garnison de Lille la campagne passée. Le S^r. Héron, Courrier du Cabinet les portant de l'armée à Paris. (Hollande, Elzévir.) 1668. 5 part. en 1 vol. pet. in-12.

Ce volume se compose, outre le titre et un avis au lecteur, qui occupent 2 feuillets, de pièces paginées séparément. Comme aucune table ne les indique, nous croyons nécessaire de faire connaître leurs titres particuliers. I. *Mémoire pour le Roy, de Monsieur de Lyonne, apostillées par Monsieur le Tellier, par ordre du Roy;* 76 pages. II. *Remarques sur le procédé de la France, touchant la négociation de la paix;* 54 pages chiffrées et 2 non chiffrées. III. *Suite des fausses démarches de la France, sur la négociation de la paix;* 92 pages. IV. *Conférence sur les intérêts de l'estat présent de l'Angleterre, touchant les desseins de la France,* 1668; 58 pages. V. *Lettre touchant l'estat présent de la négociation de la paix entre les couronnes de France et d'Espagne. Avec les articles de ladite paix, conclue le 2 mai à Aix-la-Chapelle,* 1668; 48 pages.

LES MÉMOIRES DE FEU MONSIEUR LE DUC DE GUISE, (publiés par de Saint Yon son sécrétaire, précédés de son éloge par le Duc de Saint Aignan). Cologne, Pierre de La Place. (Hollande, Elzévir.) 1668. 2 vol. pet. in-12.

Premier volume, liminaires, 4 feuillets, dont trois contiennent l'éloge ; texte, 458 pages ; second volume , 283 pag.

HISTOIRE DE LA COUR DU ROY DE LA CHINE. Par le sieur Michel Baudier, de Languedoc. A Paris, chez Estienne Limoysin. (Hollande, Elzévir.) 1668. pet. in-12.

111 pages tout compris.
Volume assez mal imprimé et d'un médiocre intérêt, mais fort rare.

RECUEIL DE QUELQUES PIÈCES CURIEUSES , servant à l'éclaircissement de l'histoire de la vie de la Reyne Christine ensemble plusieurs voyages qu'elle a faites. Cologne, Pierre du Marteau. (Hollande, Elzévir). 1668. pet. in-12.

166 pages ; plus, le titre.
Ce volume a été réimprimé l'année suivante. Cette réimpression, qui a 216 pages, ne contient rien de plus que l'édition originale, et est beaucoup plus mal imprimée.

LA VÉRITÉ DÉFENDUE DES SOFISMES DE LA FRANCE et response à l'autheur des prétensions du Roy très-chrestien sur les Estats du Roy catholique. Traduit de l'italien. (Hollande, Elzévir.) 1668. pet. in-12.

Deux parties contenant : la première, 160 pages, plus, un feuillet de table ; la seconde, 242 pages, avec une pareille table.

LES VOYAGES DE MONSIEUR PAYEN, Lieutenant général de Meaux. Où sont contenues les descriptions d'Angleterre, de Flandre, de Brabant, d'Hollande, de Dennemarc, de Suede, d'Allemagne, de Pologne et d'Italie : où l'on voit les mœurs des nations, leurs maximes, et leur politique, la monnoye, la religion, le Gouvernement, et les interests de chaque pays. Dernière édition. Augmentée de quelques aventures arrivées à l'autheur ; avec une table nécessaire pour la commodité des voyageurs. Amsterdam, Pierre le Grand. (Elzévir.) 1668. pet. in-12.

6 feuillets liminaires ; 244 pages de texte, dont les 15 dernières ne sont pas chiffrées.

IL CARDINALISMO DI SANTA CHIESA, diviso in trè parti. (Olanda, Elzevir.) 1668. 3 vol. pet. in-12.

Le premier volume, de 392 pages ; le second, de 394, et le troisième, de 391. A la fin des deux premiers volumes, sont des tables non comprises dans la pagination. Il n'y a point de table au troisième volume.

Il Sindicato di Alexandro VII. con il suo Viaggio nell' altro mondo, (di Gregorio Leti.) (Olanda, Elzevir). 1668. pet. in-12.

332 pages.

Le Syndicat du Pape Alexandre VII, avec son Voyage en l'autre monde. Traduit de l'italien (de G. Leti.) (Hollande, Elzévir.) 1669. pet. in-12.

Les 5 feuillets de pièces liminaires ne sont point paginés. La première page du texte est chiffrée 5, la seconde 6, etc. Le texte finit à la page 282, et il est suivi d'une page d'errata.

Recueil de diverses pièces faites par plusieurs personnes illustres. A la Haye, chez Jean et Daniel Steucker. 1669. pet. in-12.

120 pages; plus, le titre.
Ce volume, plus littéraire que politique, contient des dissertations sur la seconde guerre punique, sur Alexandre et César, sur Sénèque, sur Pétrone, etc.

L'Estat de l'Empire d'Allemagne de Monzambane, traduit par le sieur Fr. S. D'Alquié. A Amsterdam, chés Jean J. Schipper. (Elzévir.) Anno 1669. pet. in-12.

Liminaires, 6 feuillets; texte, 392 pages.

Recherches politiques très curieuses. Tirées de toutes les histoires tant anciennes que modernes. (Par François Savinien d'Alquié.) Amsterdam. Casparus Commelin. (Elzévir.) 1669. pet. in-12.

Liminaires, 6 feuillets; texte, 435 pages; table, 8 pages.

Mémoires d'Estat sous le regne des Roys Henry trosiesme et Henry IV. Par Monsieur de Cheverny grand Chancelier de France. La Haye, Jean et Daniel Steucker. 1669. 2 vol. pet. in-12.

Premier volume, 4 feuillets liminaires; 404 pages de texte. Second volume, 434 pages de texte. Médiocrement imprimés.

La Morale pratique des Jésuites, représentée en plusieurs histoires arrivées dans toutes les parties du monde. Extraite ou de livres tres-autorisez et fidèlement traduits; ou de mémoires très seurs et indubitables. (Par Sébastien Joseph du Cambout de Pontchateau.) Cologne, Gervinus Quentel. (Hollande, Elzévir). 1669. pet. in-12.

Le même auteur a publié en 1683 un second volume faisant suite à celui dont le titre vient d'être transcrit, mais sa date seule indique qu'il ne peut pas être des imprimeurs

dont nous nous occupons. Postérieurement, une nouvelle
suite a été donnée, en 6 volumes, par Ant. Arnauld.

Le volume dont il est ici question se compose de 11 feuillets, non paginés, pour la préface et le titre, d'une première partie de 44 pages, contenant *paroles de St.-Paul*, etc.,
et d'une seconde partie de 287 pages. Il n'y a point de faux
titres à ces deux parties, et les signatures de la seconde ne
sont pas la suite de celles de la première.

LES DÉLICES DE LA HOLLANDE, composés par le
    sieur Jean de Parival, reveus, corrigés, et
    augmentés de nouvau par François Savinien
    d'Alquié, lequel y a adjousté tout ce qui s'est
    passé de plus considérable depuis l'an 1661,
    jusques à l'an 1669, avec un traité particulier
    des délices du pays, le tout accompagné de
    plusieurs belles tailles douces. Dernière édi-
    tion. A Amsterdam, chés Jean de Ravestein.
    (Elzévir.) 1669. pet. in-12.

Liminaires, 6 feuillets; texte, 489 pages; tableau, 3 pages.
La table et les liminaires ne sont pas paginées. Une édition
moins ample et sans figures avait paru en 1660.

A. O. CENSURE, ou Discours politique touchant
    les prétendans à la couronne de Pologne.
    (Hollande, Elzévir). 1669. pet. in-12.

6 feuillets liminaires; 134 pages de texte.

BENJ: PRIOLI ab excessu Ludovici XIII. de rebus

Gallicis, historiarum, libri XII. Ultrajecti, apud Petrum Elzevirium, 1669. pet. in-12.

Pièces liminaires, 15 feuillets; texte, 508 pages; le volume est terminé par un avis de l'auteur au lecteur, et une liste de ses ouvrages, contenus dans 5 feuillets.

L'ORIGINE DES CARDINAUX DU SAINT SIÈGE, et particulièrement des François. Avec deux Traittez curieux des Légats à latere, et une relation exacte de leurs réceptions, et des vérifications de leurs facultez au Parlement de Paris, faites sous les Rois Louis XII. François I. Henry II. et Charles IX. (Par Guillaume Du Peyrat, aumonier du Roi de France.) Où l'on a joint le Traitté de Pise, etc. Nouvelle édition. Reveüe, corrigée et augmentée de la relation du succès de l'insulte des Corses contre le duc de Créqui. A Cologne, chés Pierre le Pain. (Hollande, Elzévir.) 1670. pet. in-12.

Cet ouvrage avait déja paru en 1665, *chez Pierre ab Egmont*. La première édition est moins complète que celle-ci. Elle se composait de trois parties paginées séparément, la première, de 143 pages; la seconde, de 42; et la troisième, de 112. La présente édition contient 437 pages, dont la pagination se suit. La relation de l'insulte des Corses manque entièrement dans l'édition de 1665.

TRAITTÉ DE LA POLITIQUE DE FRANCE, par Monsieur P. H. Marquis de C. (Paul Hay Marquis

de Chastelet), reveu, corrigé et augmenté
d'une seconde partie. Utrecht. Pierre Elzévier.
1670. 2 part. 1 vol. pet. in-12.

La première partie se compose de 296 pages, et la seconde,
de 65. Les six premiers feuillets de la première partie, quoique comptant dans la pagination, ne sont pas chiffrés.
   Une édition de ce livre avait paru en 1669 à Cologne,
chez Pierre du Marteau (Hollande. Elzévir); mais elle ne
contenait que la première partie qui vient d'être indiquée.
Une troisième édition fut publiée en 1677, encore sous la
rubrique de Cologne. Elle contient les deux parties de la seconde édition, et de plus, est accompagnée de réflexions sur
les IVe et V^e chapitres, par le sieur de l'Ormegrigny. Ces
réflexions forment un petit volume de 165 pages.

RAISONS D'ESTAT, ET RÉFLEXIONS POLITIQUES, sur
l'histoire et vies des Roys de Portugal. Par
M. de Galardi. Liège, Pierre Du Champs.
(Hollande, Elzévir.) 1670. pet. in-12.

12 feuillets liminaires; 370 pages de texte; une page
d'errata.

HISTOIRE DE L'ÉTAT PRÉSENT DE L'EMPIRE OTTO-
MAN : contenant les maximes politiques des
Turcs; les principaux points de la religion
mahométane, ses sectes, ses hérésies, et ses
diverses sortes de religieux; leur discipline mi-
litaire, avec une supputation exacte de leurs
forces par mer et par terre, et du revenu de

l'Etat. Traduite de l'anglois de Monsieur Ricaut, escuyer, sécrétaire de Monsieur le Comte Winchelsey, ambassadeur extraordinaire du Roy de la Grande Bretagne Charles II. vers sultan Mahomet Han quatrième du nom qui regne à présent; par Monsieur Briot. A Amsterdam, chez Abraham Wolfgank. (Elzévir.) 1670. pet. in-12. fig.

498 pages y compris les pièces liminaires; plus, 3 feuillets de table.

THUANA sive Excerpta ex ore Jac. Aug. Thuani. Per F. F. P. P. (Batavia, Elzevir.) 1670. pet. in-12.

72 pages.
Ce petit volume, mal imprimé, est assez curieux et fort rare.

LE COMTE DE GABALIS, ou Entretien sur les Sciences secretes. (Par l'abbé de Villars.) Avec cette épigraphe *Quod tanto impendio absconditur, etiam solummodo demonstrare destruere est*. Tertullian. A Amsterdam, chez Jaques le jeune. (Elzévir.) 1671. Sur la copie imprimée à Paris. pet. in-12.

228 pages.

RECUEIL DES ACTIONS ET PAROLLES MÉMORABLES de Philippe second Roy d'Espagne, surnommé le Prudent. Traduit de l'Espagnol. Cologne, Pierre Marteau. (Hollande.) 1671. pet. in-12.

Liminaires, 4 feuillets; texte, 340 pages.

LA TYRANNIE HEUREUSE ou Cromwel politique, avec ses artifices et intrigues dans tout le cours de sa conduite. Par le S^r. de Galardi. A Leyde, chez Jean Pauwels. (Elzévir.) 1671. pet. in-12.

Volume composé de 8 feuillets liminaires, y compris un frontispice gravé et le titre imprimé, et de 108 pages de texte.

LE POLITIQUE DU TEMPS ou Conseil fidelle sur les mouvemens de la France. Tiré des évenemens passez pour servir d'introduction à la triple ligue. (Par le Baron de Lisola.) A Charleville, chez Louis François. (Hollande, Elzévir.) 1671. pet. in-12.

Liminaires, 6 feuillets; texte, 212 pages.

LA VIE DU ROY ALMANSOR, écrite par le vertueux capitaine Aly Abençufian, Viceroy et Gouverneur des provinces de Deüque en Arabie. (Et traduite d'espagnol en françois par F. d'Obeilh.) A Amsterdam, chez Daniel Elsevier. 1671. pet. in-12.

Liminaires, 6 feuillets; texte, 202 pages.

LES MÉMOIRES DU VOYAGE de Monsieur le Marquis de Ville au Levant, ou l'Histoire curieuse
du Siège de Candie, comprenant en trois parties tout ce qui s'est passé, tant avant l'arrivée et sous le commandement de ce général,
que sous celui de Monsieur le Marquis de
S. André Montbrun, jusques à la prise de la
place. Le tout tiré des Mémoires de J. B. Ros-
tagne, sécrétaire d'Estat et des finances de S.
A. R., et tesmoin oculaire de ce qu'il dit : et
de plusieurs autres très-fidèles et très-curieuses.
Par François Savinien d'Alquié. A Amsterdam,
chez Henry et Théodore Boom. 1671. 2 vol.
in-12.

Premier volume, 6 feuillets de liminaires; 453 pages de
texte. La dernière page est chiffrée par erreur 153, et l'on
a oublié de chiffrer les pages 2 et 3, 6 et 7, 10 et 11. Le
second volume a 320 pages. Il porte la date de 1670.

RÉFLEXIONS PRUDENTES. PENSÉES MORALES. MAXI-
MES STOÏCIENNES. Traduites de l'espagnol par le
R. Père d'Obeilh, de la Compagnie de Jésus.
Amsterdam, Daniel Elzevier. 1671, pet. in-12.

6 feuillets liminaires; 200 pages de texte; 1 page d'errata.

RÉFLEXIONS, SENTENCES, ou Maximes royales et

politiques. Traduites de l'espagnol par le révérend Père d'Obeilh, de la Compagnie de Jesus.
Amsterdam, Daniel Elsevier. 1671. pet. in-12.

6 feuillets liminaires; 156 pages de texte.

L'Escole des Princes, ou Alexandre le Grand
comblé de gloire et de malheurs. Amsterdam,
Jaques le jeune. (Elzévir.) 1671. pet. in-12.

Pièces liminaires, 9 feuillets; texte, 223 pages.

Histoire du Ministère du Cardinal Jules Mazarin, premier ministre de la couronne de
France, descrite par le Comte Galeazzo Gualdo
Priorato. Dans laquelle on voit les succès, et
les principaux évènemens qui lui sont arrivés,
depuis le commencement de son gouvernement jusqu'à sa mort. Amsterdam, Henry et
Théodore Boom. 1671. 3 vol. pet. in-12.

Premier volume 5 feuillets liminaires; 386 pages de texte;
17 feuillets de table. Second volume : 284 pages de texte;
10 feuillets de table. Troisième volume : 499 pages de texte;
16 feuillets de table.

La Vie de César Borgia, appellé du depuis le
duc de Valentinois, descrite par Thomas Tho-
masi, traduit de l'italien, imprimé à Monte
Chiaro, chez Jean Baptiste Vero. (Hollande,
Elzévir.) 1671. pet. in-12.

495 pages, y compris le titre et l'avis au lecteur, qui ne sont point chiffrés. Le texte commence à la page 9.

LA VIE DU GÉNÉRAL MONK Duc d'Albermale, etc. le restaurateur de Sa Majesté Britannique, Charles second. Traduit de l'anglois de Thomas Gumble docteur en théologie. (Par Guy Miege.) Londres, Robert Scot. (Hollande, Elzévir.) 1672. pet. in-12.

6 feuillets liminaires; 406 pages de texte.

LE MINISTRE PARFAIT, ou le Comte-Duc (Olivarès) dans les sept premières années de sa faveur, avec des réflexions politiques et curieuses. par Monsieur de Galardi. La Haye, Pierre Adrien. (Elzévir.) 1672. pet. in-12.

Liminaires, 6 feuillets; texte, 166 pages; errata, 1 page.

MÉMOIRES DE MONSIEUR LE CHANCELIER DE L'HOSPITAL, contenant plusieurs traitez de paix, appanages, mariages, neutralitez, reconnaissances, foy et hommages, et autres droicts de souveraineté. Cologne, Pierre ab Egmont. (Hollande, Elzévir.) 1672. pet. in-12.

253 pages de texte; plus, 3 pages de table.

LES ENTRETIENS FAMILIERS DES ANIMAUX PARLANS, où sont découverts les plus importans secrets de l'Europe dans la conjoncture de ce temps, avec une clef qui donne l'intelligence de tout. Amsterdam, Herman de Wit. 1672.

248 pages; plus, une page pour la clef.

ADVIS FIDELLE AUX VÉRITABLES HOLLANDOIS. touchant ce qui s'est passé dans les villages de Bodegrave et Swammerdam, et les cruautés inouies, que les François y ont exercées. Avec un Mémoire de la dernière marche de l'armée du Roy de France en Brabant et en Flandre. (Par Wicquefort.) (Hollande, Elzévir.) 1673. pet. in-12.

298 pages de texte; plus, le titre.
Ce volume est la réimpression, sans figures, d'un volume in-4° orné de figures de Romyn de Hooghe, qui parut la même année, 1673, chez les mêmes imprimeurs. Les figures représentent les excès auxquels les Français étaient accusés de se livrer; et le but de l'ouvrage était d'exciter les Hollandais à se venger.

RISÉES DE PASQUIN, ou l'Histoire de ce qui s'est passé à Rome entre le Pape et la France, dans l'ambassade de M. de Créqui; avec autres entretiens curieux touchant les plus secretes affaires de plusieurs cours de l'Europe. Cologne. (Hollande, Elzévir.) 1674. pet. in-12.

93 pages.

Les *Entretiens*, dont il est question dans le titre qui précède, se trouvent à la suite du volume, et ne sont autre chose que les *Entretiens familiers des animaux parlans*, déja indiqués sous la date de 1672, et pour lesquels on a réimprimé un titre différent du premier et avec la date de 1674.

LA SAUCE AU VERJUS. (Par François de Warendorp.) Strasbourg. (Hollande, Elzévir.) 1674. pet. in-12.

Pamphlet de 83 pages, destiné à servir de réponse à un autre pamphlet qu'un sieur Verjus avait publié contre la direction politique adoptée à cette époque par l'empereur d'Autriche.

ANNIBAL ET SCIPION ou les grands Capitaines avec les ordres et plans de batailles. Et les annotations discours et remarques politiques et militaires de M^r. le Comte G. L. de Nassau, etc. Auxquelles on a adjousté un autre traitté de remarques politiques. (Par Al. C. de Mestre.) La Haye, Jean et Daniel Steucker. 1675. pet. in-12.

4 feuillets liminaires; 208 pages de texte.

LES NOUVELLES LUMIÈRES POLITIQUES pour le Gouvernement de l'Église, où l'Évangile nouveau du Cardinal Palavicin révélé par luy dans son Histoire du Concile de Trente. Suivant la copie imprimée à Paris, chez Jean Martel. (Hollande, Elzévir.) 1676. pet. in-12.

Liminaires , 6 feuillets ; texte , 264 pages.

Cette édition a reparu sous la rubrique de Cologne , chez Pierre Marteau , en 1687. Ce n'est point une réimpression, c'est la même édition pour laquelle on a imprimé un nouveau titre et d'autres pièces liminaires seulement.

LITERÆ PSEUDO-SENATUS ANGLICANI, Cromwellii, reliquorumque perduellium nomina ac jussu conscriptæ a Joanne Miltono. Impressæ anno 1676. (Batavia , Elzevir.) pet. in-12.

2 feuillets liminaires ; 234 pages de texte.

MÉMOIRES TOUCHANT LES AMBASSADEURS ET LES MINISTRES PUBLICS. Par L. M. P. (le Ministre prisonnier, Wicquefort.) A Cologne, chez Pierre du Marteau. (Hollande , Elzévir.) 1676 à 1679. 2 vol. pet. in-12.

Premier volume : 2 feuillets liminaires; 627 pages de texte. Second volume : 466 pages de texte, 30 feuillets de table.

Le premier de ces volumes porte la date de 1676. Il ne compose pas, ainsi qu'on a coutume de l'annoncer, et que M. Brunet l'indique lui-même, un ouvrage complet. Ce volume se termine en annonçant une seconde partie qui devra bientôt paraître. Elle parut en effet en 1679, exactement sous le même titre, et c'est celle qui se trouve désignée ici avec la première. La dernière partie est beaucoup plus rare que l'autre; et c'est par ce motif sans doute qu'on l'a oubliée.

Le premier volume a été réimprimé en 1677. Cette réimpression est inférieure à l'édition de l'année précédente; mais

13

quelques exemplaires sont suivis de l'ouvrage dont voici le
titre :

RÉFLEXIONS SUR LES MÉMOIRES POUR LES AMBASSA-
DEURS, et response au Ministre prisonnier,
avec des exemples curieux et d'importantes
recherches. A Villefranche, chez Pierre Petit.
(Hollande, Elzévir.) 1677. pet. in-12.

190 pages, y compris les pièces liminaires.
On a imprimé pour ces exemplaires un titre particulier
qui indique que les *réflexions* sont jointes aux mémoires.

MÉMORIAL HISTORIQUE de ce qui s'est passé depuis
l'année 1647. jusques à l'an 1653. touchant les
cinq propositions, tant à Paris qu'à Rome. Cologne, Pierre Marteau. (Hollande, Elzévir.)
1676. pet. in-12.

93 pages.

LA FRANCE INTRIGUANTE ou Response aux Mani-
festes de quelques Princes, sur l'état présent
de l'Alemagne. A Villefranche, chez Jean Petit.
(Hollande, Elzévir.) 1676. pet. in-12.

2 feuillets pour le titre et l'avis au lecteur; 102 pages
pour le texte de l'ouvrage, et un dernier feuillet pour le
sommaire ou table des matières.

RELATION DES DIFFÉRENTS arrivez en Espagne

entre D. Jean d'Autriche et le Cardinal Nitard.
Cologne, Pierre Marteau. (Hollande, Elzévir.)
1677. 2 vol. pet. in-12.

Premier volume, 190 pages; second, 170.

MÉMOIRES de ce qui s'est passé en Suede, et aux
provinces voisines, depuis l'année 1645 jusques en l'année 1655; ensemble le demêlé de
la Suede avec la Pologne, tirez des despêches
de Monsieur Chanut ambassadeur pour le Roy
en Suede, par P. Linage de Vauciennes. Cologne, Pierre du Marteau. (Hollande, Elzévir.)
1677. 3 vol. pet. in-12.

Premier volume : liminaires, 12 feuillets; texte, 427 pages.
Second volume : 477 pages. Troisième volume : 496 pages.

LA VIE ET LES ACTIONS MÉMORABLES du Sr. Michel
de Ruyter, Duc, Chevalier et Lt. Amiral général des Provinces-Unies. A Amsterdam, chez
Henry et Théodore Boom, l'an 1677. 2 vol.
pet. in-12.

Le titre du premier volume n'annonce pas qu'il doive y
avoir de seconde partie, mais le dernier feuillet porte : *Fin
de la première partie*. Les liminaires du premier volume contiennent 12 feuillets, au nombre desquels sont le frontispice
et le portrait. Le texte a 480 pages. Le second volume est
composé de 256 pages; plus, une table des matières pour
les deux volumes, renfermée dans 15 pages non chiffrées.

Il arrive assez souvent que l'on trouve le premier volume seul ; mais alors on a soin de cacher par une bande de papier collée les mots indiquant qu'il y en a un second.

MÉMOIRES DE PIERRE FRANÇOIS PRODEZ, de Beragrem, Marquis d'Almacheu, contenant ses voyages et tout ce qui luy est arrivé de plus remarquable dans sa vie. Le tout fait par luy-même. A Amsterdam, chez Léonard le jeune. (Elzévir.) 1677. 2 vol. pet. in-12.

Premier volume : 4 feuillets liminaires ; 266 pages de texte. Second volume : 164 pages.

Le nom de Beragrem est l'anagramme de celui d'Aremberg, auteur de ces mémoires, et la plupart des noms propres qui y sont employés, sont déguisés de la même manière.

HISTOIRE DE LA VIE DE LA REYNE CHRISTINE de Suede. Avec un véritable récit du séjour de la Reyne à Rome, et la défense du Marquis Monaldeschi contre la Reyne de Suede. A Stocholm, chez Jean Pleyn de Courage. (Hollande, Elzévir.) 77 (pour 1677). pet. in-12.

212 pages, non compris le titre et le portrait. Volume mal imprimé, mais assez curieux.

HISTOIRE DU GOUVERNEMENT DE VENISE. Par le sieur Amelot de La Houssaie. Sur la copie. A

Paris, chez Frédéric Léonard. (Hollande ; Elzévir.) 1677. pet. in-12.

12 feuillets liminaires; 550 pages de texte, et 2 pages de table.

Pour compléter cet ouvrage, il est indispensable d'y joindre le volume suivant :

SUPLÉMENT A L'HISTOIRE DU GOUVERNEMENT DE VENISE. Par le sieur Amelot de La Houssaie. Sur la copie. A Paris, chez Frédéric Léonard. (Hollande, Elzévir.) 1677. pet. in-12.

237 pages de texte, et 3 pages de table.

RECUEIL DES PRÉLIMINAIRES DE LA PAIX, avec les principaux traitez qui ont esté faits devant ou pendant le Congrez à Nimmegue. Cologne, Antoine Van Dyck. (Hollande, Elzévir.) 1678. pet. in-12.

4 feuillets liminaires; 272 pages de texte.

A la suite de ce volume, se trouve un livret de 34 pages, portant le titre suivant : Traité d'alliance fait entre Sa Majesté Catholique et les États-généraux des Provinces-Unies, avec les traités faits entre lesdits Estats, et Sa Majesté Impériale et S. A. le Duc de Lorraine.

HISTOIRE DU GRAND TAMERLAN, tirée d'un excellent manuscrit, et de quelques autres originaux : très-propre à former un grand capitaine. Par le sieur de Sainctyon. A Amsterdam, chez Abraham Wolfgang. (Elzévir.) 1678. pet. in-12.

Ce volume est composé de 393 pages; plus, la table qui occupe le verso de la dernière. Il est très-bien imprimé. On a contrefait ce volume en Hollande dès l'année suivante, mais de manière à ne pouvoir pas s'y méprendre.

LE RAPPEL DES JÉSUITES EN FRANCE. A Cologne, chez Jean Le Blanc. (Hollande, Elzévir.) 1678. pet. in-12.

2 feuillets liminaires; 164 pages de texte.

MÉMOIRES DE HOLLANDE. Suivant la copie imprimée à Paris, chez Estienne Michallet. (Hollande, Elzévir.) 1678. pet. in-12.

2 feuillets liminaires; 224 pages de texte.

MÉMOIRES SUR L'ORIGINE DES GUERRES qui travaillent l'Europe depuis cinquante ans. Par P. Linage de Vauciennes. Cologne. Pierre du Marteau. (Hollande, Elzévir.) 1678. 2 vol. pet. in-12.

Premier volume : 21 feuillets liminaires; 256 pages de texte; 13 feuillets de table. Second volume : 293 pages de texte; 14 feuillets de table.

ONGUANT POUR LA BRULURE ou le Secret pour em-
pescher les Jésuites de bruler les livres. (Par
Barbier d'Aucourt.) A Cologne, chez Pierre
du Marteau. (Hollande, Elzévir.) 1679. pet.
in-12.

76 pages.
Satire assez curieuse, en vers de huit syllabes assez médiocres.

TRAITTÉ DES PARLEMENS OU ESTATS GÉNÉRAUX.
Composé par Pierre Picault. Cologne, Pierre
Marteau. (Hollande, Elzévir.) 1679. pet. in-12.

167 pages. Volume peu commun.

FACTUM pour Religieuses de Ste. Catherine les-
Provins, contre les Pères Cordeliers. A Dore-
gnal, chez Dierick Braessem. (Hollande, Elzévir.) 1679. pet. in-12.

210 pages de texte, la dernière chiffrée par erreur 120;
plus 3 pages de table.

VOYAGE D'ITALIE, DE DALMATIE, DE GRÈCE, ET DU
LEVANT, fait aux années 1675. et 1676. par
Jacob Spon docteur médecin aggrégé à Lyon,
et George Wheler gentil-homme Anglois. A
Amsterdam, chez Henry et Théodore Boom.
1679. 2 vol. pet. in-12.

Premier volume : 12 feuillets liminaires; 456 pages de texte. Second volume : 489 pages.

La Vie et les Faits mémorables de Christofle Bernard Van Galen, Evêque de Munster. Tirez d'excellens manuscrits, et de quelques autres originaux. Par M. G. A Leide, chez Jean Mortier. (Elzévir.) 1679. pet. in-12. fig.

Liminaires, 8 feuillets; texte, 248 pages.

Le Rasibus, ou le Procès fait à la barbe des Capucins. Par un moine défroqué. A Cologne, chez Pasquin résuscité. (Hollande, Elzévir.) 1680. pet. in-12.

5 feuillets liminaires ; 110 pages de texte.

La Ville et la République de Venise. Par le sieur T. L. E. D. M. S. de St. Disdier. Troisième édition reveuë et corrigée par l'autheur. A Amsterdam, chez Daniel Elsevier. 1680. pet. in-12.

9 feuillets liminaires; 418 pages de texte; 15 feuillets de table.

Mémoires de la Guerre de Transilvanie et de Hongrie, entre l'Empereur Léopold I. et le Grand Seigneur Mehemet IV. Georges Ragotski et les autres successeurs Princes de Transilvanie. (Traduit de l'italien d'Ascagne Centorio de gli Hortensii.) A Amsterdam, chez Daniel Elsevier. 1680. 2 vol. pet. in-12.

Premier volume : 2 feuillets liminaires ; 130 pages de texte. Second volume : 150 pages.

QUATRIÈME PARTIE.

❖❖❖❖❖❖❖❖❖❖❖

ÉDITIONS

DE FORMAT GRAND IN-12 ET PETIT IN-8⁰.

L'espèce de collection dont se compose cette quatrième partie n'est pas fort étendue, mais elle se distingue par le mérite de la plupart des ouvrages. La description des volumes n'a pas eu besoin d'être faite avec autant de détail que dans les parties précédentes, parce que les éditions grand in-12 n'ont point été contrefaites ou réimprimées commes celles d'un format inférieur. Parmi les éditions que nous plaçons ici, il en est quelques-unes qui avaient été entièrement et injustement négligées par les bibliographes. On nous saura peut-être quelque gré de les avoir tirées de cet état d'oubli.

ESSAI
BIBLIOGRAPHIQUE
SUR LES ÉDITIONS
DES ELZÉVIRS.

ALARIC, ou ROME VAINCUE. Poëme héroïque.
Dédié à la Sérénissime Reyne de Suede. Par
Monsieur de Scudery, gouverneur de Notre-
Dame de la Garde. Jouxte la copie à Paris,
chez Augustin Courbé. (Hollande, Elzévir.)
1655. in-12. fig.

Cette édition a été faite sur une grande et belle édition de
Paris, qui parut en 1654, chez Courbé. Le frontispice et les
figures mêmes sont copiés. Il faut convenir que certains auteurs (et Scuderi est de ce nombre) ont joué de bonheur
en faisant reproduire leurs ouvrages par d'habiles imprimeurs. Ils leur doivent de n'être pas tombés dans le plus
complet oubli, et de figurer encore sur les rayons de quelques bibliothèques.

LES ESSAIS de Michel Seigneur de Montaigne.
Nouvelle édition exactement purgée des dé-

fauts des précédentes, selon le vray original et
enrichie et augmentée aux marges du nom des
autheurs qui y sont citez, et de la version de
leurs passages; avec des observations très importantes et nécessaires pour le soulagement
du lecteur. Ensemble la vie de l'autheur, et
deux tables, l'une des chapitres, et l'autre des
principales matières, de beaucoup plus ample
et plus utile que celles des dernières éditions.
A Amsterdam, chez Antoine Michiels. (Elzévir). 1659. 3 vol. in-12.

Cette édition, fort recherchée, a été exécutée dans l'imprimerie de Jean et de Daniel Elzévir pour le compte de
Michiels, libraire d'Amsterdam, et de Foppens, libraire
de Bruxelles, aussi trouve-t-on des exemplaires qui portent
le nom de l'un ou de l'autre de ces libraires, et qui n'ont
entre eux que cette différence. Elle n'est point remarquable
par son mérite littéraire, et paraît être simplement une
copie de l'édition de Journelle, Paris, 1659. Les beaux
exemplaires sont rares et se vendent un prix considérable.
J'en ai vu un qui avait cinq pouces onze lignes de hauteur.
L'exemplaire de Firmin Didot, qui avait trois lignes de
moins, a été vendu 131 francs; et celui de Bozérian, de la
même taille que ce dernier, l'a été 150 fr.
M. Brunet dit qu'il ne paraît pas que cette édition ait été
imprimée par les Elzévirs. Il ne donne, il est vrai, aucune
raison à l'appui de cette insinuation, et par cela même, il la
rend plus difficile à combattre. Cependant il semble qu'une
simple assertion ne suffit pas pour détruire une opinion depuis long-temps accréditée. Nous avons cherché à découvrir
la vérité, et, à défaut de preuves tout-à-fait positives, nous

avons découvert un renseignement précieux, et qui peut servir à résoudre la question. Coste, dans l'édition in-4° qu'il a donnée en 1725 des *Essais de Montaigne*, a réuni, sous le titre de *Jugemens et Critiques*, un grand nombre de documens relatifs à l'auteur qu'il publiait. Parmi ces documens, se trouve une lettre de R. Desmarets à Chapelain, qui commence ainsi :

Rolandi Maresii Epist., lib. I. (Ep. 22. Joanni Capellano).

« Valde mihi jucundum est, quod exornandæ Michaëlis « Montani scriptorum editioni, *quam Elzevirii parant*, elogia, « et testimonia eorum, qui de illo aliquid memoriæ prodi-« derunt, colligis, et hac opera tanti viri nostratis gloriæ « pro virili parte consulis. Tam elegantibus enim scriptis id « hactenus deesse videbatur, ut tam *elegantibus typis* excu-« derentur.......... »

Il résulte de ce fragment, qu'au moment où la lettre de Desmarets a été écrite, les Elzévirs s'occupaient d'une édition de *Montaigne*. Or, il n'existe aucune édition, autre que celle-ci, qui puisse leur être attribuée. Si nous ajoutons à ce fait que les caractères de cette édition sont ceux que les Elzévirs employaient ordinairement pour l'impression de leurs livres, et que l'on y trouve les vignettes qu'ils avaient seuls l'habitude d'employer, nous en concluerons que M. Brunet doit encore s'être trompé.

Capricciosi et piacevoli ragionamenti di M. Pietro Aretino, il veritiere e'l divino, cognominato il flagello de' Principi. Nuova editione. Con certe postille, che spianano e dichiarano evidentemente i luoghi et le parole più oscure, et più difficili dell' opera. Stampati in Cosmopoli. (Olanda, Elzevir.) L'anno 1660. — La Puttana errante overo Dialogo, di Madalena è Giulia, di M. P. Aretino. Cognominato il flagello de Principi, il veritiro el divino. 2 part. 1 vol. pet. in-8.

La première partie, les *Ragionamenti*, contient 541 pages avec le titre et les pièces liminaires qui sont compris dans la pagination. La *Puttana errante* commence par un faux titre, et n'a que 38 pages. Cette dernière partie n'a été imprimée qu'une fois, avec les mêmes caractères que la première, tandis que celle-ci l'a été deux fois. Tel est le motif pour lequel beaucoup d'exemplaires n'ont pas la *Puttana errante*, ou l'ont d'une réimpression plus fine et moins nette. Les deux éditions des *Ragionamenti* se distinguent à ce que, dans l'une, les notes marginales contiennent des Z dont la queue est fort allongée, tandis que dans l'autre, cette lettre n'a rien d'extraordinaire. Cette dernière édition paraît un peu moins belle et imprimée avec des caractères moins neufs. L'une et l'autre ont le même nombre de pages.

Ce volume est assez rare, et les beaux exemplaires en sont chers. Ils ne valent pas moins de 40 à 50 francs. Un exemplaire haut de 5 pouces 10 lignes ⅓, et relié en vélin, a même été vendu, chez Silvestre, en 1819, 70 francs.

L'IMITATION DE JÉSUS CHRIST. Traduite et paraphrasée en vers françois. Par P. Corneille. Bruxelles, François Foppens. (Hollande, Elzévir.) 1665. in-12. fig.

Cette belle édition, quoique ne portant pas le nom des Elzévirs, est incontestablement sortie des presses de Daniel. Foppens était en relation habituelle avec les Elzévirs, et leur faisait imprimer une partie des livres qu'il publiait, ainsi que nous venons déja de le voir à l'occasion du Montaigne de 1659.

Le nouveau Testament de nostre Seigneur Jésus-Christ, traduit en françois selon l'édition Vulgate, avec les différences du grec. A Mons, chez Gaspard Migeot. (Amsterdam, Elzévir.) 1667. 2 vol. pet. in-8°.

Ant. Arnauld, à qui cette traduction a été souvent attribuée, dit dans sa 355e lettre, qu'elle est l'ouvrage de Le Maistre de Sacy. Cependant une note manuscrite de Racine, citée dans le catalogue manuscrit de l'abbé Goujet, porte qu'elle a été faite en compagnie par MM. de Sacy, Arnauld, Le Maistre, Nicole et le duc de Luynes. Les ennnemis de Port-Royal, très-puissants à cette époque, s'opposèrent à ce que la traduction fut imprimée à Paris, telle qu'elle avait été faite. Les traducteurs s'adressèrent alors à Daniel Elzévir, dont la réputation était fort grande; mais voulant d'une part que leur ouvrage eût une approbation religieuse, ils s'adressèrent aux docteurs de Louvain, et désirant d'une autre part qu'il parût imprimé en pays orthodoxe, ils firent substituer à la ville d'Amsterdam et au nom d'Elzévir, la ville de Mons et le nom de G. Migeot.

Cet ouvrage, qui s'est vendu fort cher autrefois, n'a plus aujourd'hui qu'une valeur ordinaire. Comme il existe sous diverses dates plusieurs réimpressions avec lesquelles on pourrait confondre cette édition, nous croyons utile de l'indiquer avec exactitude. Le premier volume se compose de 22 feuillets de pièces liminaires, et de 538 pages de texte contenant les évangiles et les actes des apôtres. Le second volume, qui renferme les épîtres de St.-Paul, les épîtres canoniques et l'apocalypse, a 462 pages; plus, 8 feuillets contenant la table des matières et un errata.

Zayde, histoire espagnole, par Monsieur de Se-
grais (Madame de La Fayette), avec un traité
de l'origine des Romans; par Monsieur Huet
(Evêque d'Avranches). Suivant la copie imprimée à Paris. (Hollande, Elzévir.) 1671. 2
vol. pet. in-8°.

Ce roman, fort bien imprimé, est assez rare de cette
édition. Il est précédé d'un frontispice gravé par R. de
Hooghe.

Septem illustrium Virorum poemata. (Alexandri
Pollini Florentini, Augustini Favoriti, Ferdi-
nandi Liberi Baronis de Furstemberg; Joannis
Rotgeri Torckii, Natalis Rondinini, Stephani
Gradii, Virginii Cæsarini. Amstelodami, apud
Danielem Elzevirium. 1672. pet. in-8°.

Ce volume n'a qu'une valeur ordinaire, quoiqu'il soit remarquablement bien imprimé. Il existe des exemplaires en
grand papier, qui sont fort rares.

Abrégé chronologique de l'Histoire de France.
par le Sr. de Mezeray historiographe de France.
Divisé en six tomes. Amsterdam, Abraham
Wolfgang. (Elzévir.) 1673-1674. 6 vol. in-12.
fig.

On doit cette belle édition à Daniel Elzévir, qui est à-la-
fois le dernier et peut-être le plus habile des célèbres impri-

meurs de ce nom. C'est postérieurement à sa mort, mais avec les caractères qu'il employait, que fut imprimé le volume suivant, nécessaire pour compléter cet ouvrage :

HISTOIRE DE FRANCE AVANT CLOVIS. L'origine des François et leur établissement dans les Gaules, l'estat de la religion et la conduite des églises dans les Gaules, jusqu'au règne de Clovis. Par le S^r. de Mezeray. Amsterdam, Abraham Wolfgang, 1688. in-12.

Ces 7 volumes, quand ils sont bien conservés et d'une belle condition, ont une valeur assez considérable. Un exemplaire relié en maroquin a été vendu jusqu'à 140 francs chez Chénier.

HISTOIRE DES JUIFS, écrite par Flavius Joseph, sous le titre de Antiquitez Judaïques, traduite sur l'original grec reveu sur divers manuscrits, par Monsieur Arnauld d'Andilly. Suivant la copie imprimée à Paris. A Bruxelles, chez Eug. Henry Fricx. (Hollande, Elzévir.) 1676. 5 vol. pet. in-8°. fig.

Cette jolie édition est incontestablement sortie des presses des Elzévirs. On y reconnaît leurs caractères et les fleurons et vignettes dont ils se sont servis dans leurs plus beaux ouvrages. Aucune bibliographie n'en fait mention (1), quoi-

(1) M. Brunet indique cette édition dans son dernier Manuel. Il est inutile de répéter que notre ouvrage est fort antérieur.

14.

qu'elle soit tout-à-fait remarquable. Elle était à fort bas prix avant d'être signalée. Une fois connue, il est probable que son prix se proportionnera à son mérite.

OEuvres diverses du Sieur D*** (Despréaux) avec le Traité du Sublime ou du Merveilleux dans le discours, traduit du grec de Longin. Nouvelle édition, reveuë, corrigée, et augmentée de plusieurs pièces nouvelles. Suivant la copie à Paris. A Amsterdam, chez Abraham Wolfgang, marchand libraire. (Elzévir.) 1677. in-12. fig.

Cette édition, qui n'est indiquée dans aucune bibliographie, et dont nous n'avons jamais vu qu'un exemplaire, est fort jolie et fort bien imprimée. Son titre fournit une nouvelle preuve de ce que nous avons établi dans l'avertissement, savoir que Wolfgang n'était point imprimeur. Il prend encore ici la simple qualité de *marchand libraire*.

Thierry, libraire de Paris, publia en 1674 une édition des OEuvres de Boileau, sur laquelle il paraît que celle-ci a été copiée. Elle contient les mêmes pièces, dans le même ordre, à une exception près. A la suite de la huitième satire, et avant celle qui devrait être la neuvième, et qui devient la onzième, on trouve deux satires qui ne sont pas de Boileau. L'une est dirigée contre la vénalité du clergé catholique, et ce qu'on appelait alors les *maltôtes ecclésiastiques*. Dans l'édition de Boileau, donnée en 1747 par Saint-Marc, on attribue cette pièce au P. Louis Sanlecque, chanoine régulier de Saint-Augustin, et prieur de Garnai près de Dreux. Il paraît peu probable qu'un prêtre ait ainsi trahi les intérêts de sa robe. Nous pensons plutôt que cette satire est l'ouvrage d'un protestant qui aura trouvé piquant de l'attribuer à Boileau, et de faire dire par ce poëte des choses que sûrement il ne se serait pas permises contre les prêtres de la religion qu'il professait. Quoiqu'il en soit, cette satire est bien peu remarquable sous le rapport du style, et l'on peut seulement supposer que les abus qu'on y signale n'étaient guère exagérés, surtout si on les compare à ce qui se passe de nos jours. L'autre satire, moins mal écrite que celle dont nous venons de parler, est encore fort indigne de Boileau. Elle a pour sujet le mariage, et pour conclusion qu'il ne faut pas se marier. Il est assez singulier qu'on ait prêté à Boileau, en 1677, une satire sur un sujet qu'il traita effectivement dix-sept ans après, en 1694, dans sa satire sur les femmes. Les suppositions de pièces, de la nature de celles que nous venons de faire connaître, n'étaient point rares chez les imprimeurs hollandais. Ils ne se faisaient pas faute, lorsqu'une partie des ouvrages d'un auteur leur manquait, de la remplacer par un ouvrage analogue et quelquefois même tout-à-fait différent, d'un autre auteur. A cet égard, on ne pouvait compter ni sur leur critique ni sur leur conscience littéraire. Il n'y a, dans l'édition que nous examinons, que quatre épîtres, et le Lutrin s'y trouve comme il parut d'abord, c'est-à-dire en quatre chants. Les deux derniers chants ne furent imprimés qu'en 1683.

DE LA RECHERCHE DE LA VÉRITÉ (par le P. Malebranche.) où l'on traitte de la nature de l'esprit de l'homme, et de l'usage qu'il doit en faire pour éviter l'erreur dans les sciences. Quatrième édition reveuë et augmentée. Suivant la copie imprimée à Paris, chez André Pralard. (Hollande, Elzévir.) 1678-1679. 3 vol. in-12.

Le troisième volume contient plusieurs éclaircissements sur les principales difficultés des précédents volumes. Cet ouvrage est bien imprimé et peu commun..

LES SIX VOYAGES de Jean Baptiste Tavernier, écuyer Baron d'Aubonne, en Turquie, en Perse et aux Indes, pendant l'espace de quarante ans, et par toutes les routes que l'on peut tenir : accompagnez d'observations particuliers sur la qualité, la religion, le gouvernement, les coutumes et le commerce de chaque pays, avec les figures, le poids et la valeur des monnoyes qui y ont cours. Suivant la copie imprimée à Paris. (Hollande, Elzévir.) 1679. 2 vol. in-12. fig.

RECUEIL de plusieurs Relations et Traitez singuliers et curieux de J. B. Tavernier, chevalier, Baron d'Aubonne. Qui n'ont point été mis dans ses six premiers voyages. Divisé en cinq parties. I. Une Relation du Japon, et de la cause de la persécution des Chrétiens dans ses isles : avec la carte du païs. II. Relation de ce qui s'est passé dans la négociation des députés qui ont été en Perse et aux Indes tant de la part du Roy que de la Compagnie françoise, pour l'établissement du commerce. III. Observations sur le commerce des Indes orientales, et sur les fraudes qui s'y peuvent commettre. IV. Re-

lation nouvelle et singulière du royaume de
Tunquin : avec plusieurs figures et la carte
du pays. V. Histoire de la conduite des Hollandois en Asie. avec la relation de l'intérieur
du serrail du Grand Seigneur. Suivant la copie
imprimée à Paris. (Hollande, Elzévir.) 1679.
in-12. fig. — Ensemble. 3 vol. in-12.

Les deux premiers volumes de ces voyages ont été rédigés
par Samuel Chapuzeau, et le troisième par Lachapelle,
secrétaire du président de Lamoignon. L'édition en est fort
jolie; mais il est très-difficile de trouver des exemplaires bien
conservés, surtout à cause des figures et des cartes qui,
presque toujours, sont déchirées. En même temps que les
Elzévirs publiaient cette édition, ils en imprimaient sous la
même date, une autre absolument semblable, sauf le format,
qui est petit in-12. Cette dernière est tellement rare, que je
n'en ai jamais pu rencontrer qu'un exemplaire complet, et
qu'elle n'est citée dans aucune bibliographie. Les beaux
exemplaires de l'édition grand in-12 sont chers. Il en fut
vendu un 60 francs chez M. Méon.

MÉTAMORPHOSES D'OVIDE EN RONDEAUX imprimez
et enrichis de figures par ordre de Sa Majesté,
et dédiez à Monseigneur le Dauphin. A Amsterdam, chez Abraham Wolfgang. (Elzévir.)
1679. in-12.

Liminaires, 6 feuillets; texte, 462 pages; table, 6 pages.
Edition exactement copiée, tant pour le texte que pour
les figures, sur l'édition de Paris, 1676, grand in-4°. Elle
est médiocrement imprimée.

TRAITÉ DE LA NATURE ET DE LA GRACE, par M^r. Malebranche de l'Oratoire. A Amsterdam, chez Daniel Elsevier. 1680. in-12.

Cet ouvrage, imprimé en assez gros caractères, contient six pages de liminaires et 268 pages de texte. Il est rare.

CINQUIÈME PARTIE.

••••••••••••••••••

ÉDITIONS

D'UN FORMAT INFÉRIEUR OU SUPÉRIEUR A L'IN-12.

Cette partie de notre travail serait à elle seule un ouvrage, et un ouvrage considérable, si nous avions conçu le projet de la compléter. Telle n'a point été notre pensée. Après avoir fait connaître toutes les éditions in-12 des Elzévirs dignes d'être remarquées par nos lecteurs, nous avons voulu, dans une espèce d'appendice, indiquer les ouvrages d'un format différent, donnés par les mêmes imprimeurs, qui méritent le mieux de figurer dans la composition d'une belle bibliothèque. Loin de chercher à nous étendre, nous nous sommes restreints le plus que nous avons pu, et, par exemple, nous ne comprenons point ici un nombre assez grand d'éditions *cum notis variorum,* qui cependant seraient bien dignes d'y être, parce qu'elles trouveront naturellement leur place dans un travail général sur ces éditions, dont nous avons lieu de penser qu'un bibliophile éclairé s'occupe.

On trouvera dans cette division quelques livres qui auraient été également bien placés dans les divisions précédentes, mais qu'il nous a semblé plus convenable de ne pas séparer d'autres éditions des mêmes livres. Par la même raison, nous plaçons les deux éditions in-12 de la traduction du *Pastor fido* immédiatement après le texte original de cette pastorale.

Nous terminons par une notice sur divers livres relatifs aux langues orientales. Cette portion de notre ouvrage est tout-à-fait neuve, et mérite l'attention des bibliophiles. Nous croyons devoir rappeler que nous la devons, en grande partie, à M. Langlès. Son nom ne sera pas un des moindres ornements de ce volume, et nous saisissons la nouvelle occasion qui se présente de le remercier d'avoir bien voulu abandonner pendant quelques moments des travaux bien plus importants pour nous aider à donner au public un ouvrage moins indigne de lui.

ESSAI
BIBLIOGRAPHIQUE
SUR LES ÉDITIONS
DES ELZÉVIRS.

ΙΠΠΟΚΡΑΤΟΥΣ ΑΦΟΡΙΣΜΟΙ. Aphorismi Hippocratis. ex recognitione A. Vorstii. M. P. Lugd. Batavorum, ex officina Elzeviriana. 1628. pet. in-24.

Jolie édition très-bien imprimée, et qui passe pour fort correcte. Les beaux exemplaires en sont rares; ce que l'on conçoit facilement quand on songe qu'il y a près de deux siècles qu'un livre aussi usuel et aussi portatif est imprimé. Ce volume vaut de 6 à 12 francs, suivant sa beauté et sa conservation.

Geor : Buchanani Scoti, Poëmata quæ extant. Editio postrema. Lugduni Batav. ex officina Elzeviriana. 1628. pet. in-24.

Il existe sous cette date deux éditions de Buchanan, entre lesquelles je n'ai jamais vu qu'on fît de différence. L'une est d'un format un peu plus allongé, a un plus grand nombre de lignes à chaque page, et contient 511 pages, sans compter quelques notes non paginées qui sont à la fin du volume. L'autre, d'un format moins haut et un peu plus large, contient 561 pages, également sans les notes. Les deux éditions renferment exactement les mêmes pièces. L'une de ces éditions a été vendue 18 fr. chez M. Caillard, et l'autre jusqu'à 38 fr. chez Firmin Didot. Leur valeur ordinaire est moindre. Daniel Elzévir a réimprimé, en 1676, les poésies de Buchanan dans le même format; mais cette édition est moins belle et moins recherchée que les précédentes.

Nous n'aurions pas plus indiqué les poésies de Buchanan que celles de beaucoup d'autres poëtes latins de la même époque, ni plus ni moins dignes que lui d'une mention, sans le haut prix habituel auquel on porte ces poésies dans les ventes.

EPIGRAMMATUM JOAN. OVENI. Cambro-Britanni Oxoniensis. Editio postrema, correctissima et posthumis quibusdam adaucta. Amsterodami, apud Lud. Elzevirium. A°. 1647. pet. in-16.

Il existe sous cette date deux éditions d'Owen, également bien imprimées, et entre lesquelles on ne fait aucune différence. En 1679, Daniel Elzévir donna une réimpression pet. in-12, si mal imprimée, qu'on a peine à la lui attribuer. Les exemplaires des éditions de 1647, à moins d'être très-beaux, ne s'élèvent guère au-dessus d'une valeur ordinaire. Il en a cependant été payé un 35 fr. dans une vente assez obscure faite à la salle Silvestre en 1819.

JOAN. SCAPULÆ LEXICON GRÆCO-LATINUM, è probatis auctoribus locupletatum, cum indicibus, et græco et latino, auctis, et correctis. Additum

auctarium dialectorum, in tabulas compendiose
redactarum. Accedunt Lexicon etymologicum,
cum thematibus investigatu difficilioribus et
anomalis. Et Joan. Meursii glossarium contra-
ctum, hactenus desideratum. Editio nova accu-
rata. Lugduni Batavorum, typis Bonaventuræ
et Abrahami Elzeviriorum, et Francisci Hackii.
1652. in-folio.

Ce Dictionnaire est un extrait, fort soigneusement fait, du
Trésor de la Langue grecque d'Henri Étienne. On dit qu'il
est le fruit de l'infidélité de Scapula, qui travaillait chez
H. Étienne au moment où il composait son grand Dictionnaire. Cela importe peu aujourd'hui; ce qui importe, c'est
de savoir que cette édition, parfaitement bien exécutée, est
encore la plus recherchée et la meilleure qui existe de cet
ouvrage. Plusieurs imprimeurs et libraires s'étant réunis pour
faire les frais, très-considérables, de l'impression du Dictionnaire de Scapula, on en trouve des exemplaires avec les
noms de ces différents associés, parmi lesquels on distingue
les *Hackius* et les *Blaew*, qui, comme imprimeurs, rivali-
saient à plus d'un titre avec les Elzévirs. La valeur du Scapula d'Elzévir est considérable, et des exemplaires bien conservés ont été payés jusqu'à 200 fr. en France, et beaucoup
plus cher en Angleterre.

ANTIQUÆ MUSICÆ AUCTORES SEPTEM. Græce et latine. Marcus Meibomius restituit ac notis ex-
plicavit. Amstelodami, apud Ludovicum Elzevirium. 1652. 2 vol. pet. in-4°.

Ces deux volumes, qui contiennent les ouvrages des auteurs

suivants : *Aristoxenus*, *Euclides*, *Nicomachus Gerassenus*, *Alypius*, *Gaudentius*, *Bacchius senior* et *Aristides Quinti-lianus*, sont très-bien imprimés et fort estimés. De beaux exemplaires, bien reliés, ne valent pas moins de 5o à 6o fr. Il en fut même vendu un 13o fr. chez M. Caillard.

M. ACCI PLAUTI COMOEDIÆ SUPERSTITES XX. ACcu-ratissime editæ. Amstelodami, typis Ludovici Elzevirii. A°. 1652. pet. in-16.

Les Elzévirs n'ont jamais imprimé ce poëte comique avec les caractères ni dans le format des autres auteurs latins qu'ils ont publiés. Nous n'indiquons ici cette petite édition, assez médiocre, que pour citer un exemplaire qui fut vendu follement 9o francs à la vente de F. Didot, parce qu'il était broché.

ỎΜΉΡΟΥ ỈΛΙᾺΣ ΚΑῚ ỎΔΥΣΣΕΊΑ, καὶ εἰς αὐτὰς σχόλια, ἢ ἐξήγησις Διδύμου. HOMERI ILIAS ET ODYSSEA, et in easdem scholia sive interpre-tatio Didymi. Cum latina versione accuratis-sima, indiceque græco locupletissimo rerum ac variantium lection. Accurante Corn. Schre-velio. Amstelodami, ex officinâ Elzevirianâ anno 1656. 2 vol. pet. in-4°.

Cette édition estimée a été imprimée pour le compte com-mun des Elzévirs d'Amsterdam et de Hacke (Hackius), im-primeur de Leyde; aussi trouve-t-on, indépendamment des exemplaires semblables à celui dont on vient de lire le titre, d'autres exemplaires portant sur le frontispice : *Lugd. Bata-vorum, apud Franciscum Hackium*. Le prix de ce livre varie en raison de la beauté des exemplaires. Ceux dont les marges sont bien conservées doivent avoir près de 9 pouces de haut, et environ 6 pouces et un quart de large. En cet état ils se vendent jusqu'à 97 francs, comme chez M. Mac-Carthy; et même jusqu'à 109 francs, comme chez M. Jourdan, sans cependant conserver habituellement une aussi grande valeur.

Il existe des exemplaires en grand papier qui sont d'une excessive rareté. Leur hauteur diffère peu de celle des exemplaires en petit papier, mais ils sont beaucoup plus larges. Le seul exemplaire en grand papier qui ait été signalé en France, dans les ventes publiques, depuis un très-grand nombre d'années est celui de M. Caillard, qui fut vendu 451 francs.

M. Tullii Ciceronis Opera omnia : cum Gruteri et selectis variorum notis et indicibus locupletissimis, accurante C. Schrevelio. Amstelodami apud Ludovicum et Danielem Elzevirios. A°. 1661. 2 vol. pet. in-4°.

Ces deux tomes, qui se relient facilement en un volume, ont l'avantage de contenir dans le moindre espace possible toutes les œuvres de l'illustre orateur latin. Les caractères, quoique assez petits, sont nets et faciles à lire. Schrevelius a enrichi cette édition de notes très-estimées, et elle est en outre précédée d'une histoire de Cicéron par Franc. Fabricius.

Les exemplaires de ce beau livre ne sont pas très-rares, ce qui le maintient à un prix raisonnable. Il y en a eu de payés 120 francs; mais ils ne valent pas habituellement plus de 40 à 60 francs, suivant la beauté de l'exemplaire.

Corpus Juris civilis, Pandectis ad Florentinum archetypum expressis, Institutionibus, Codice et Novellis, addito textu græco, ut et in Digestis et Codice, legibus et constitutionibus græcis, cum optimis quibusque editionibus collatis. Cum notis integris, repetitæ quintum prælectionis Dionysii Gothofredi, Jc. præter Justiniani edicta, Leonis et aliorum Imperatorum Novellas, ac canones apostolorum, græcè et latinè, feudorum libros, leges XII tabul. et alios ad jus pertinentes tractatus, fastos consulares, indicesque titulorum ac legum : et quæcunque in ultimis Parisiensi vel Lugdunensi editionibus continentur, huic editioni novè accesserunt Pauli receptæ sententiæ cum selectis notis J. Cujacii et sparsim ad universum Corpus Antonii Anselmo, A. F. A. N. Jc. Antwerp. Observationes singulares, remissiones et notæ juris civilis, canonici, et novissimi ac in praxi recepti differentiam continentes ; denique, lectiones variæ et notæ selectæ Augustini, Bellonii, Goveani, Cujacii, Duareni, Russardi, Hottomanni, Contii, Roberti, Rævardi, Charondæ, Grotii, Salmasii et aliorum. Opera et studio Simonis van Leeuwen, Jc. Lugd. Bat. Amstelodami, apud Joannem Blaeu. Ludovicum et Danielem Elzevirios. Ludg. Batavorum, apud Franciscum Hackium. 1663. Cum privilegio S. C. Majestatis. in-folio.

Ce volume, remarquable par la beauté de son exécution, se compose de quatre parties paginées séparément. La première contient 796 pages, la seconde 388, la troisième 300, et la quatrième 92 ; le tout sans compter les pièces liminaires et les tables qui se rapportent à chaque partie, et qui ne sont point paginées. A la fin de la première partie, on trouve les mots suivants : *Typis Ludovici et Danielis Elzeviriorum*, qui ne laissent aucun doute sur le nom de ceux qui ont imprimé ce livre. Blaeu étant nommé le premier sur le titre, on eût pu, sans cela, le lui attribuer avec d'autant plus de raison, que c'est à lui qu'on doit, ainsi que nous allons le voir, le *Corpus Juris civilis* in-8°. Les difficultés que ce volume a présentées pour l'imprimer ont dû être d'autant plus grandes que le mécanisme des presses était moins perfectionné. Cependant on est forcé de convenir qu'aujourd'hui même on n'obtiendrait peut-être pas, sous le rapport du tirage, un résultat plus parfait. La disposition des matières contenues dans chaque page offrait aussi des obstacles qui ont été habilement vaincus. Ce n'était pas une chose aisée que de combiner, sans confusion, des caractères romains de plusieurs dimensions, des italiques, des capitales, des caractères grecs, et d'en couvrir des pages imprimées à deux colonnes, et entourées, pour ainsi dire, de notes marginales et autres. Toutes ces difficultés ont été surmontées. Malgré la petitesse des caractères, malgré la grandeur de la justification, et malgré l'abondance des matières, ce livre se lit avec une grande facilité, et sans embarras ni fatigue pour les yeux. Cette édition enfin est restée la plus belle, comme elle est la meilleure de cet ouvrage important et souvent réimprimé.

Il faut qu'on ait imprimé un grand nombre d'exemplaires de ce livre ; car il n'est ni fort rare, ni très-cher. Il n'est pas impossible d'en trouver pour 60 à 80 francs. Cependant les exemplaires bien conservés, comme ceux de M. de Cotte ou de M. Mac-Carthy, se paient de 100 à 150 francs.

CORPUS JURIS CIVILIS. Editio nova, prioribus cor-
rectior. 1664. Amstelædami, apud Joannem
Blaeu, Ludov. et Dan. Elzevirios. et Lugduni
Batavorum, apud Franciscum Hackium. 2 vol.
in-8°.

Ces deux volumes sont imprimés avec une grande perfection et fort recherchés. Ils ne sont pas dus aux presses des
Elzévirs, puisqu'on lit à la fin du second volume, *ex typographia Joannis Blaev;* cependant on a l'habitude de les leur
attribuer, et ces habiles imprimeurs ont concouru à leur publication, du moins comme associés. En 1681, Blaeu donna,
avec la veuve de Daniel Elzévir, une nouvelle édition de cet
ouvrage. Elle est médiocrement imprimée, et ne peut être
en aucune manière comparée à celle-ci. J'ai vu un exemplaire
de l'édition de 1681 dans lequel on avait substitué à ses
titres et à son frontispice le frontispice et les titres de l'édition de 1664, et qu'au moyen de cette fraude on avait fait
passer comme étant de la meilleure édition. Une remarque
bien simple mettra à l'abri de cette tromperie. Dans l'édition
de 1664, à la page 150, on lit : *Digestorum seu Pandecta-
rum pars secundus;* tandis que dans l'édition suivante on
lit........ *pars secunda.* C'est encore ici le cas de dire, assez
raisonnablement, *la bonne édition est celle qui a la faute.*
    Le prix de ce livre, quand les exemplaires en sont beaux,
est considérable. Celui de M. Caillard fut vendu 122 francs;
celui de M. de Cotte, qui venait du comte d'Hoym, 181; et
celui de Firmin Didot 183. Il est inutile de rappeler que ce
n'est pas là le prix des exemplaires ordinaires.

LA SAINTE BIBLE, qui contient le vieux et le nouveau Testament. Edition nouvelle, faite sur la
version de Genève, reveuë et corrigée; enri-

chie, outre les anciennes notes, de toutes celles de la Bible flamande, de la plus-part de celles de M. Diodati, et de beaucoup d'autres ; de plusieurs cartes curieuses, et de tables fort amples, pour le soulagement de ceux qui lisent l'Écriture sainte. Le tout disposé en cet ordre, par les soins de Samuel Des Marets, docteur et premier professeur en théologie, en l'université provinciale de Groningue et d'Ommelande, et de Henry Des Marets son fils, ministre du S. Évangile, en l'église françoise de Delft. A Amsterdam, chez Louys et Daniel Elzevier. 1669. Avec privilège. 2 vol. gr. in-folio.

Le premier volume contient l'Ancien Testament et une partie paginée séparément sous le titre de *Prophéties ou Prédictions des Prophètes;* et le second volume le Nouveau Testament suivi des *livres apocriphes*, également paginés à part.

Cette Bible a été imprimée avec un luxe d'autant plus grand que les imprimeurs qui la publiaient étaient protestants ; cependant elle passe pour être peu soignée sous le rapport de la correction. Ce motif, et le peu d'estime où l'on tient les notes, en ont fait tomber considérablement le prix. Elle avait été imprimée sur quatre papiers différents, ainsi que cela résulte d'un catalogue de la librairie de Daniel Elzévir publié en 1675, dont nous avons déja eu occasion de parler, et dans lequel on lit les indications de prix suivantes : *Imperiael*, 110 fl. ; *Frans Real*, 56 fl. ; *Veluws Real*, 50 fl. ; *grand mediaen*, 44 fl. Le plus beau de ces papiers ne vaut pas aujourd'hui le quart de ce qu'il coûtait dans l'origine.

ADVIS FIDELLE AUX VÉRITABLES HOLLANDOIS. Touchant ce qui s'est passé dans les villages de Bodegrave et Swammerdam, et les cruautés inouies, que les François y ont exercées. Avec un Mémoire de la dernière marche de l'armée du Roy de France en Brabant et en Flandre. (Par Wicquefort.) (Hollande, Elzévir.) 1673. pet. in-4°. fig.

Ce volume, orné de huit planches gravées par Romyn de Hooghe, ne mérite guère d'être recherché que pour ce motif. Ces planches représentent les excès attribués aux Français, avec trop de raison peut-être; excès qui malheureusement sont les suites à peu près inévitables de la guerre. Les exemplaires de ce livre valent environ 10 francs, et se sont vendus quelquefois le double.

INSTITUTIONES D. JUSTINIANI SS. PRINC. Typis variæ; rubris nucleum exhibentibus. Accesserunt ex Digestis tituli de verb. signif. et reg. juris. Amstelodami, apud Ludovicum Elzevirium. 1654. pet. in-16.

INSTITUTIONES D. JUSTINIANI SS. PRINC. Typis variæ; rubris nucleum exhibentibus. Accesserunt ex Digestis tituli de verborum significatione et regul. juris. Amstelodami, apud Danielem Elzevirium. 1664. pet. in-16.

INSTITUTIONES D. JUSTINIANI SS. PRINC. Typis va-

riæ; rubris nucleum exhibentibus. Accesserunt
ex Digestis tituli de verborum significatione et
regulis juris. Amstelodami, apud Danielem Elzevirium. 1676. pet. in-16.

Voici bien trois éditions distinctes des Institutes de Justi-
nien, imprimées par les Elzévirs, quoique les bibliographes
n'indiquent presque jamais que la dernière, ou tout au plus
que les deux dernières. Il y a peu de différence à faire entre
elles; pourtant celle de 1654 est mieux imprimée que les
deux autres. Elle n'a qu'un titre gravé, tandis que celles de
1664 et de 1676 en ont deux, l'un gravé et l'autre imprimé.
On rencontre des exemplaires de ces éditions en caractères
noirs seulement; mais ils sont sans valeur, ce qui fait le prix
des autres étant la différence des passages imprimés en noir
et en rouge qui permet de distinguer plus facilement ces derniers. Ces trois éditions ont une valeur habituelle d'environ
6 à 10 francs; cependant un exemplaire entièrement noir a
été ridiculement payé chez F. Didot 81 francs.

AMINTA favola boscareccia di Torquato Tasso. In
Amsterdam; nella stamperia del S. D. Elsevier,
et in Parigi se vende appresso Thomaso Jolly.
1678. pet. in-24. fig. de Seb. Leclerc.

IL GOFFREDO overo GIERUSALEMME LIBERATA,
poema heroico del sig. Torquato Tasso. Con
l'allegoria universale del istesso, et con gli
argomenti del sig. Horatio Ariosti, et de bel-
lissime figure adornato. In Amsterdam, nella
stamperia del S. D. Elsevier. Et in Parigi si

vende appresso Thomaso Jolly. 1678. 2 vol. pet. in-24. fig. de Seb. Leclerc.

FILLI DI SCIRO, favola pastorale del conte Guidubaldo de Bonarelli. Detto l'aggiunto, Accademico intrepido. Da essa Accademia dedicata al sereniss. signor Don Francesco Maria Feltrio dalla Rovere Duca VI. d'Urbino. In Amsterdam, nella stamperia del S. D. Elsevier, et in Parigi se vende appresso Thomasso Jolly. 1678. pet. in-24. fig. de Seb. Leclerc.

IL PASTOR FIDO, tragicomedia pastorale, del signor Cavalier Battista Guarini, con una nuova aggiunta. In Amsterdam, nella stamperie del S. D. Elsevier, et in Parigi se vende appresso Thomaso Jolly. 1678. pet. in-24. fig. de Seb. Leclerc.

L'ADONE, poema heroico del C. Marino, con gli argomenti del Conte Savitale, e l'allegorie di Don Lorenzo Scoto. Aggiuntovi la tavola delle cosa notabili. Di nuovo ricorreto, e di figure ornatto. In Amsterdam, nella stamperia del S. D. Elsevier, et in Parigi se vende appresso Thomaso Jolly. 1678. 4 vol. pet. in-24. fig. de Seb. Leclerc.

Ces neuf volumes forment une collection assez remarquable

par la beauté de l'impression et par les jolies figures dont elle est ornée. Les exemplaires complets et bien conservés sont très-difficiles à trouver, et seraient susceptibles d'une haute valeur, car les ouvrages séparés se vendent déja fort cher.

J'ai vu deux éditions du *Pastor fido* sous la même date de 1678 entre lesquelles je n'ai remarqué aucune différence sensible. Ces petits volumes étaient par leur nature et par leur format destinés à être mis dans la poche, et conséquemment à durer assez peu; ce qui explique à-la-fois et les réimpressions faites dans le courant de la même année, et la rareté des ouvrages.

Sur les cinq ouvrages qui précèdent, quatre avaient été imprimés par les Elzévirs avant d'être réunis en collection. Ces quatre éditions sont rares, et comme elles sont jolies, nous croyons devoir les indiquer ici. Il en est de même d'une traduction du *Pastor fido*, dont une double édition est encore due à D. Elzévir. L'auteur de cette traduction a également traduit l'Aminte.

L'ADONE, poema del Cavallier Marino, con gli argomenti del Conte Fortuniano Sanvitale : e l'allegorie di Don Lorenzo Scoto. 1651. In Amsterdam. (Presso Elzevir.) 2 vol. pet. in-12.

Le format de ces volumes est plus court que celui des éditions ordinaires des Elzévirs. Le second volume n'est précédé que d'un faux titre. A la fin de ce second volume se trouve une partie séparée de 35 pages intitulée : *Lettere del Cavalier Marino.*

IL GOFFREDO, overo GIERUSALEMME LIBERATA, poema heroico del signor Torquato Tasso. Con

l'allegoria universale del istesso : et con gli argomenti del signor Horatio Ariosti : aggiantovi
i cinque canti del Camillo Camilli. 1652. In
Amsterdam per gli Combi et la Nov. (Elzévir.)
2 vol. pet. in-16.

Jolie petite édition peu commune. Elle est précédéé d'un
frontispice représentant le héros du poëme.

AMINTA favola boscareccia di Torquato Tasso.
In Leida, presso Giovanni Elsevier. 1656. pet.
in-12.

Cette édition, fort bien imprimée, est fort rare.

L'AMINTE DU TASSE. Pastorale, traduite de l'italien en vers françois. (Par l'abbé de Torche.)
Édition nouvelle, revue et enrichie de tailles
douces. Suivant la copie à Paris. A La Haye,
chez Levyn van Dyk. (Elzévir.) 1679. pet.
in-12.

Ce volume est fort médiocrement imprimé. Le texte italien
est en caractères italiques et la traduction en caractères
romains. Les gravures, de Decker, sont assez jolies.

IL PASTOR FIDO del signor Cavalier Battista Guarini. In Leyda, per Giovani Elsevier. 1659. pet.
in-12. fig.

Cette édition, assez bien imprimée, ne se trouve pas facilement. Les figures sont fort médiocres.

Le Berger fidelle. Traduit de l'italien de Guarini, en vers françois. (Par l'abbé de Torche.) Cologne, Pierre du Marteau. (Hollande, Elzévir.) 1671. pet. in-12. fig.

Dans cette édition, le texte italien, imprimé en caractères italiques, se trouve en regard de la traduction.

Le Berger fidele. Traduit de l'italien de Guarini en vers françois. (Par l'abbé de Torche.) A Cologne, chés Pierre du Marteau. (Hollande, Elzévir.) 1677. pet. in-12. fig.

Cette édition ne contient point le texte original.

ÉDITIONS

EN LANGUES ORIENTALES.

AVIS

AU LECTEUR.

Sɪ l'on a injustement exhumé un assez grand nombre d'ouvrages qui n'ont dû ce retour de fortune qu'au nom et au talent de ceux qui les avaient imprimés, quoique leurs auteurs en fussent d'ailleurs bien peu dignes, on a d'un autre côté négligé quelques éditions données par les mêmes imprimeurs, bien qu'elles fussent loin de mériter cet oubli. Parmi ces dernières se trouvent celles qui ont pour objet la littérature ou les langues de l'Orient. On trouve à la vérité les titres d'une partie de ces livres dans quelques bibliographies, mais ils n'y sont accompagnés presque d'aucunes remarques, et cependant plusieurs peuvent donner lieu à des observations intéressantes et peu connues.

Avant de présenter l'énumération des principaux ouvrages relatifs à la littérature orientale, sortis des presses des Elzévirs, nous devons remarquer que ces imprimeurs n'ont jamais employé qu'un seul *corps* d'Arabe, qu'ils avaient acquis de la veuve et des enfants d'Erpenius ou Thomas d'Erp. Ce savant orientaliste, professeur à l'Université de Leyde, avait élevé dans cette ville, et à ses frais, une imprimerie orientale. Cette imprimerie était munie de caractères grecs, hébreux, syriaques, persans et arabes. Les caractères grecs, comme les caractères romains, employés par les Elzévirs, étaient principalement dus à Garamond : nous ne saurions indiquer de quelle manière le docte propriétaire s'était procuré les caractères hébreux, persans et syriaques ; mais nous pouvons affirmer qu'il avait fait graver, sous sa propre direction, et pour son compte, le caractère arabe. Il est pénible d'ajouter qu'Erpenius, pressé du desir de simplifier ce caractère, et de le réduire à une forme plus régulière et pour ainsi dire plus typographique, l'a dénaturé au point que les textes qui ont été imprimés avec sont presque illisibles pour les Orientaux. Cela est d'autant plus fâcheux pour ceux qui étudient les principes de l'arabe, dans les ouvrages imprimés avec ce caractère, qu'ils n'acquièrent qu'une idée fort inexacte de l'écriture de cette langue ; et que la lecture des manuscrits exige de leur part une nouvelle et difficile étude. Quoi qu'il en soit, ce caractère, tout incorrect et tout imparfait qu'il est, a servi à imprimer les chefs - d'œuvre d'érudition arabe des Erpenius, des Golius, et des Schultens; et il faut avouer que celui qu'on lui a substitué depuis quelque temps dans les imprimeries de Leyde et des autres villes de la Hollande ne l'emporte guère sur le précédent, soit pour l'exactitude des formes, soit pour la beauté de l'exécution.

Il paraît que les Elzévirs, établis à Leyde, présidaient au matériel des travaux de l'imprimerie d'Erpenius; aussi étaient - ils en général chargés de la vente des ouvrages qui y étaient exécutés. Cette circonstance explique pourquoi le nom des Elzévirs se trouve sur la plupart des livres émanés *ex typographia Erpeniana*. Mais lorsque les caractères orientaux, après la mort d'Erpenius, furent devenus leur propriété, et que les éditions furent publiées pour leur propre compte, elles acquirent, entre leurs mains et par la perfection de leur tirage, un degré de supériorité très-remarquable sur toutes celles qui avaient précédé.

Parmi les ouvrages qui se rapportent aux langues orientales, et qui sont sortis des presses Elzéviriennes, il en est quelques - uns qui se composent uniquement de remarques et de commentaires : nous avons cru devoir les omettre, et ne nous occuper que de ceux qui contiennent des textes orientaux, ou qui sont relatifs à l'étude de ces langues.

ÉDITIONS
EN LANGUES ORIENTALES.

ܓܠܝܢܐ

ܕܝܘܚܢܢ ܡܒܫܪܐ:

Id est, Apocalypsis Sancti Johannis, ex manu-
scripto exemplari è bibliotheca clariss. viri
Josephi Scaligeri deprompto, edita charactere
Syro et Ebræo, cum versione latina et notis,
opera et studio Ludovici de Dieu. Lugduni
Batavorum, ex typographia Elzeviriana. 1627,
pet. in-4°.

Ce volume, qui contient 211 pages sans les pièces liminaires, est fort bien exécuté. On y trouve, à côté de la version latine, une version grecque qui n'est point indiquée sur
le titre.

דקדוק לשונות הקדם

של עבדים וכשדים וארמים:

ܓܪܡܛܝܩܘܣ ܕܠܥܫܐ ܘܕܥܒܪܝܐ ܘܕܟܠܕܝܐ ܘܕܐܪܡܝܐ
ܘܣܘܪܝܝܐ

Id est Grammatica linguarum Orientalium, He-

bræorum, Chaldæorum et Syrorum, inter se
collatarum. Authore Ludovico de Dieu. Lugduni Batavorum, ex officina Elzevirianâ. Anno
1628. pet. in-4°.

Volume de 423 pages, plus 8 feuillets de pièces liminaires.

מסכת מידות מתלמוד בבלי:

Hoc est, Talmudis Babylonici Codex Middoth
sive de mensuris Templi, unà cum versione
latina. Additis, præter accuratas figuras, commentariis, quibus tota Templi Hierosolymitani
structura cum partibus suis, altari cæterisque
eò pertinentibus, è Talmudistarum aliorumque
Judæorum scriptis distinctè explicatur, varia-
que scripturæ S. loca illustrantur. Operâ et
studio Constantini l'Empereur de Oppyck, SS.
Theol. Doct. et ling. Heb. ac Chald. in Academia Lugduno-Batava Professoris. Lugduni
Batavorum, ex officinâ Bonaventuræ et Abrahami Elzevir. Academ. Typograph. 1630. pet.
in-4°.

Volume de 194 pages sans les liminaires et index.

הליכות עולם עם מבוא הגמרא

Sive Clavis Talmudica, complectens formulas,
loca dialectica et rhetorica priscorum Judæorum. Latinè reditta per Constantinum l'Em-

pereur ab Oppyck, S. T. D. et controversia-
rum Judaicarum professorem in Academia
Lugdunensi. Cum indicibus accuratissimis, et
dissertatione, qua operis usus, utilitasque os-
tenduntur. Lugduni Batavorum, ex officina
Elseviriorum. Anno 1634. pet. in-4°.

Le texte de ce volume contient 232 pages, imprimées à
mi-marge en hébreu et en latin, précédées de pièces liminaires et suivies de plusieurs index. Les index et les liminaires
ne sont pas paginés.

كتاب عجايب المقدور فى اخبار تيمور تاليف احمد بن عريشاه

Ahmedis Arabsiadæ Vitæ et Rerum gestarum
Timuri, qui vulgo Tamerlanes dicitur, His-
toria. Lugduni Batavorum, ex typographia
Elseviriana. 1636. pet. in-4°.

Ce volume, entièrement en arabe, contient 446 pages sans
compter le titre et la préface latine de Golius, qui est renfermée dans 2 feuillets. Elle est adressée aux amateurs de la
langue arabe : *Jacobus Golius Arabicæ linguæ studiosis S.*
L'éditeur annonce avoir consulté et collationné deux manuscrits pour donner un texte pur et entier; mais il n'a pas
obtenu un succès digne de ses laborieux efforts, car son édition est défigurée par de nombreuses lacunes et les erreurs
typographiques les plus graves. C'est sans doute ce motif qui
a empêché Golius de publier la traduction qu'il avait annoncée dans sa préface, et il est même fort présumable que
cette traduction n'aura pas été terminée, surtout si elle n'a

dû être faite que d'après le texte publié chez les Elzévirs. La réimpression de cet ouvrage, donnée avec une version latine, de 1767 à 1772, par S. H. Manger, n'est pas beaucoup plus exacte que celle-ci. L'incorrection de ces deux éditions arabes et l'importance littéraire de l'ouvrage original, qui est regardé avec raison comme un chef-d'œuvre d'éloquence que quelques critiques placent même immédiatement après le Coran, ont engagé, en 1818, les savants professeurs du collège du fort William de Calcutta à en publier une troisième édition. Cette édition, qui est accompagnée des *motions* ou points voyelles, et qui a été conférée sur quatre manuscrits différents, est incomparablement supérieure aux deux premières. Elle a été imprimée à Calcutta, en un volume, in-8° royal de 509 pages, sans compter l'errata, qui en a sept.

Il existe une lacune assez importante dans les trois éditions qui viennent d'être citées. Aucune ne renferme l'alphabet Oïghour donné par Arabchah avec la valeur des lettres Oïghoures en caractères arabes. M. Langlès a fait graver ce précieux morceau d'après un manuscrit arabe de la Bibliothèque Royale, et cette planche accompagne la notice d'un Dictionnaire Latin-Mantchou-Chinois qu'il a inséré dans le VIIe volume des *Notices et Extraits des Manuscrits de la Bibliothèque du Roi.*

داستان مسیح

Historia Christi persicè conscripta, simulque multis modis contaminata, a P. Hieronymo Xavier, Soc. Jesu. Latinè reddita et animadversionibus notata a Ludovico de Dieu. Lugduni Batavorum, ex officina Elseviriana, A° 1639. in-4°.

داستان سن بيدرو

Historia S. Petri persicè conscripta, simulque multis modis contaminata. (A P. Hieronymo Xavier.) Latinè reddita, et brevibus animadversionibus notata, a Ludovico de Dieu. Lugduni Batavorum, ex officina Elseviriana, A° 1639. in-4°.

Le premier de ces volumes a 636 pages, sans compter les liminaires ni la table; et le second a 144 pages, indépendamment de quelques feuillets liminaires.

Ces deux ouvrages, qui sont ordinairement réunis, ne donnent lieu à aucune observation bibliographique importante. Seulement ils sont imprimés avec d'autant plus de soin que leur publication a été faite par Louis de Dieu pour nuire aux Jésuites, et par conséquent dans l'intérêt de la religion protestante, que professaient les Elzévirs. Ce fait nous engage à rapporter quelques détails que les amateurs d'anecdotes littéraires ne liront peut-être pas sans plaisir.

Le grand-mogol Akbar, l'un des souverains les plus dignes du beau titre de philosophe, désirant détruire l'animosité héréditaire, et en quelque sorte mutuelle, des Hindous ou Brahmanistes, des Chrétiens et des Musulmans, conçut le projet de fondre en une seule ces trois religions, qui lui étaient également indifférentes. Pour réussir dans ce projet, plus louable que possible à exécuter, il appela auprès de lui des Brahmanes, des prêtres catholiques et des mollas. Non-seulement il fit faire par eux, en persan, des analyses et des extraits des Védas, des Pouranas et de l'Évangile, mais il voulut encore connaître les vies des fondateurs et des principaux propagateurs ou apôtres du brahmanisme et

du christianisme. Le P. Jérôme Xavier, Jésuite, que les mis-
sionnaires catholiques d'Agra avaient fait venir en exécution
des ordres d'Akbar, s'empressa de rédiger en persan une vie
de Jésus-Christ et une de saint Pierre. Ces vies, sous le rapport de la langue, sont remplies de solécismes et de fautes
grossières; et sous le rapport historique, elles sont pleines de
mensonges et d'absurdités. Louis de Dieu a indiqué, dans ses
doctes *animadversiones*, les sources où le Jésuite a puisé les
rêveries et les contes ridicules qu'il mêle avec un petit nombre
de faits tirés des quatre évangélistes. Tant de recherches et de
veilles consacrées à déchiffrer, traduire, réfuter et imprimer
deux histoires remplies d'incorrections matérielles et littéraires
pourraient causer un juste étonnement, si l'on ne savait que
l'habile orientaliste hollandais avait pour but de prouver et
de divulguer les manœuvres coupables et les audacieuses
fourberies des Jésuites. Il prend, lui-même, la peine de nous
instruire dans son épître dédicatoire et dans sa préface des
motifs qui l'ont engagé à publier ces ouvrages.

« ..... Les Jésuites (1), dit-il, s'insinuent en tous lieux,
« pénètrent dans toutes les régions du globe, se répandent
« sur tous les royaumes de la terre....... Ceux qui défendent
« de traduire la parole sainte de Dieu dans les langues vul-
« gaires, et pour ainsi dire de la mettre à la portée du peu-
« ple, infectent les Barbares de leurs livres remplis d'inven-
« tions humaines....... Il est temps de découvrir ces fraudes
« et de réprimer cette audace. » (*Épître dédicatoire.*)

---

(1) « Irrepunt quaquaversum, et omnes orbis regiones, omnia regna
« pervadunt Jesuitæ....... Qui sacrosanctum Dei verbum in omnes lin-
« guas transferri, et vernaculo idiomate plebi legendum dari vetant,
« suos libros, humanis commentis plenos, Barbaris obtrudunt....... De-
« tegendæ sunt hæ fraudes, comprimenda est horum hominum auda-
« cia....... » (*Epistola dedicatoria.*)

« .... Faxit Deus, ut labor hic noster Ecclesiæ utilis sit, quodque
« potissimum hic spectavimus, veritati adversus Pontificias superstitio-
« nes tuendæ serviat....... » (*Præfatio.*)

« ..... Que Dieu rende notre travail utile à l'Église, et
« qu'il serve, comme nous le désirons surtout, à protéger la
« vérité contre les superstitions papales........ » (*Préface.*)

عنصرهای زبان فارسی

Rudimenta Linguæ Persicæ. Authore Ludovico
de Dieu. Accedunt duo priora capita Geneseos,
ex Persicà translatione Jac. Tawusi. Lugduni
Batavorum, ex officina Elseviriana, A° 1639.
in-4°.

Volume de 95 pages sans les liminaires.

Ce volume se trouve habituellement joint aux deux volumes précédents. Il a été composé sur la demande des Elzévirs, afin de faciliter l'étude de la langue persane, et conséquemment la vente des livres imprimés en cette langue.
Quoique l'auteur de cet ouvrage le présente modestement
dans la préface et sur le titre comme de simples rudiments
et non comme une grammaire complète, il suffit néanmoins
pour donner une connaissance exacte des principes gramma-
ticaux du persan, qui y sont présentés avec beaucoup de
précision et de clarté. L'éloge que nous faisons de ces rudiments serait justifié, s'il avait besoin de l'être, par la réimpression qui en a été donnée à Padoue. Il est à remarquer
qu'avant ce livre il n'existait aucune grammaire persane, et
que Louis de Dieu a le premier ouvert une carrière qu'il a
honorablement parcourue.

Jacobi Golii Lexicon Arabico-Latinum, contex-
tum ex probatioribus Orientis lexicographis.
Accedit index latinus copiosissimus, qui lexici

latino - arabici vicem explere possit. Lugduni
Batavorum, typis Bonaventuræ et Abrahami
Elseviriorum. 1653. in-folio.

Liminaires, 6 feuillets; texte, 1461 pages numérotées jusqu'à 2922, parce que chaque page contient deux colonnes,
et que chaque colonne est chiffrée; errata et index, 20
feuillets.

Malgré l'incorrection, disons même la barbarie, des caractères arabes d'Erpenius dont on s'est servi pour l'impression
de cet ouvrage, il n'est pas moins recommandable sous le
point de vue typographique que sous le point de vue littéraire. Les difficultés que présentait la combinaison des caractères romains, italiques, grecs, hébreux et arabes, ces derniers accompagnés de leurs voyelles supérieures et inférieures, ont été surmontées avec autant de bonheur que
d'adresse. La netteté et l'égalité du tirage dissimulent une
partie des imperfections du caractère arabe et ajoutent beaucoup à la beauté des autres caractères.

Il est inutile de faire ici l'éloge de ce dictionnaire, dont la
réputation est établie depuis long-temps; c'est un livre clas-
sique, indispensable à tous ceux qui étudient et même qui
savent l'arabe. On y aperçoit cependant de nombreuses et
importantes lacunes, qui rendraient possible et désirable d'en
donner une édition fort augmentée. Le gouvernement ne se
montrera-t-il pas assez ami des véritablement *bonnes lettres*
pour protéger et faciliter une si utile entreprise? Nous for-
mons à cet égard des vœux qui ne seront pas long-temps
stériles, si les encouragements accordés à la collection des
classiques latins et à d'autres entreprises littéraires ne sont
pas refusés aux langues orientales.

Nous ne terminerons pas cet article sans faire remarquer
que dans un grand nombre d'exemplaires du Dictionnaire
arabe de Golius, on cherche vainement le feuillet intitulé
Abbreviaturæ indices librorum..... etc., qui doit se trouver

entre la préface et le commencement du texte. L'existence
de ce feuillet est cependant indiquée par la réclame *abbre*
placée au bas de la dernière page de la préface. Nous croyons
devoir rappeler aussi que ce dictionnaire se vendant, au
moment où il parut, chez plusieurs libraires et dans différentes villes, on en trouve des exemplaires avec l'indication
de ces villes et de ces libraires sur le titre. Il n'y a entre ces
exemplaires et celui dont la désignation se trouve ici aucune
autre différence.

Ce Dictionnaire a été réimprimé avec des additions assez
nombreuses dans le *Lexicon heptaglotton* de Castel qui accompagne ordinairement la Bible polyglotte de Walton ; circonstance qui depuis quelques années a fait considérablement
monter le prix de ce lexique, et n'empêche pas que l'on ne dé-
sire vivement une nouvelle édition du Dictionnaire de Golius
enrichie de toutes les augmentations dont il est susceptible.
Cet important travail a été préparé par M. Et. Quatremère,
l'un de nos plus savants et de nos plus modestes orientalistes.

كتاب محمد بن كثير الفرغانى فى الحركت السماوية وجوامع علم النجوم

Muhammedis Fil. Ketiri Ferganensis, qui vulgo
Alfraganus dicitur, Elementa Astronomica, ara-
bicè et latinè. Cum notis ad res exoticas sive
orientales, quæ in iis occurrunt. Opera Jacobi
Golii. Amstelodami, apud Johannem Janso-
nium à Waesberge, et viduam Elizei Weyerstraet, 1669. in-4°.

Ce volume se compose de trois parties distinctes : le texte
arabe, qui contient 109 pages ; la traduction latine, qui est
renfermée dans un pareil nombre de pages ; et les notes, qui
en ont 306 : le tout sans les pièces liminaires et la table.

Quoique ce livre ne porte pas le nom des Elzévirs, il est aisé de reconnaître, tant aux caractères qu'aux vignettes et fleurons, qu'il est sorti de leurs presses. Le caractère arabe est, comme dans tous les livres en cette langue exécutés dans les imprimeries elzéviriennes, celui d'Erpenius.

FIN.

TABLE

ALPHABÉTIQUE

DES NOMS DES AUTEURS.

TABLE ALPHABÉTIQUE

DES NOMS DES AUTEURS.

TABLE

ALPHABÉTIQUE

DES OUVRAGES

QUI NE PORTENT POINT DE NOM D'AUTEUR.

TABLE ALPHABÉTIQUE

DES OUVRAGES

TABLE

ALPHABÉTIQUE

DES TITRES DES OUVRAGES CONTENUS DANS CE VOLUME.

Après avoir donné une table des noms des auteurs dont les ouvrages figurent dans ce volume, et une autre table des ouvrages sans nom d'auteur, nous avons jugé convenable, pour la facilité des recherches, de donner la table générale, par ordre alphabétique, des titres de tous les ouvrages, sans exception. Quelques notes sont jointes à cette table; elles sont de deux sortes : les unes contiennent la rectification d'erreurs que nous avions pu commettre; les autres sont relatives à des renseignements nouvellement obtenus. Cela nous a évité de placer à la fin de ce volume un chapitre de *corrections et additions*. L'indication de quelques auteurs anonymes avait été omise; cette omission est encore réparée ici. Enfin, quelque soin que nous ayons apporté à poursuivre les fautes typographiques, quelques-unes étaient parvenues à nous échapper; nous avons profité de cette table pour les corriger. Il en est cependant que nous avons dû laisser subsister, parce qu'elles tiennent à la reproduction exacte des titres. Lorsque ces dernières seront à la fois dans la table et dans le corps du volume, on sera certain qu'elles existent également dans les titres originaux; mais si elles se trouvaient dans le volume et qu'elles ne fussent pas dans la table, ce serait à cette dernière qu'il faudrait s'en rapporter. Nous avons fait précéder, dans la table, les titres avec faute *obligée* d'un astérisque.

Ici se termine notre travail. Nous désirons vivement que les lecteurs à qui il s'adresse ne le trouvent pas trop imparfait, et qu'il puisse leur fournir quelques renseignements utiles et leur présenter quelques détails curieux. Si jamais on publie sur les Elzévirs un ouvrage plus étendu, celui-ci pourra lui servir de base, et nous aurons du moins fixé le point de départ.

TABLE ALPHABÉTIQUE

DES TITRES DES OUVRAGES CONTENUS DANS CE VOLUME.

A.

B.

Il existe deux éditions, sous la même date, de ce volume assez peu intéressant. L'une, imprimée en caractère *petit romain*, a 251 pages; l'autre, imprimée en caractère plus gros, en a 358. Ces deux éditions se composent exactement des mêmes pièces. Celle qui a moins de pages est plus jolie que l'autre.

D.

E.

Dans la note relative à cet ouvrage, il est question de G. Cognat (Cognatus). Cet érudit est plus connu sous le nom français de G. Cousin.

F.

Le nom de Du Puy a été imprimé inexactement dans le
titre de son ouvrage, ainsi que dans la note qui le concerne.
Il est rectifié ici.

I.

J.

L.

M.

Indépendamment des deux éditions indiquées dans cet article, il existe une contrefaçon de celle de 1654 qui paraît avoir été faite en France, quoique on y ait cherché à imiter les éditions Hollandaises.

N.

O.

P.

Le traducteur de cet ouvrage écrit son nom tantôt comme nous venons de l'indiquer, tantôt Chatounière de Grenaille. Ce n'est pas un homme assez important pour qu'il soit nécessaire de faire une dissertation afin d'établir quel était son véritable nom.

Dans la note relative aux *Provinciales*, il est question de
l'édition donnée en 1779, par *l'abbé Le Bossut*, des œuvres
de Pascal. Cette édition est due, non pas à l'abbé Le Bossut,
mais à Charles Bossut, auteur d'ouvrages estimés sur les ma-
thématiques.

R.

La plupart des pièces contenues dans ce volume sont de
Saint-Évremont.

S.

T.

Le catalogue manuscrit dont il est question dans la note relative à Térence m'a été en effet prêté par M. Barrois l'aîné, mais il a été rédigé par M. Barrois père. Il contient des notions intéressantes tant sur les éditions des Elzévirs que sur celles *cum notis variorum.* Malheureusement il est loin d'être complet.

Z.

TABLE

DES MATIÈRES

CONTENUES DANS CE VOLUME.

Pendant l'impression de ce livre, et lorsque les premières feuilles étaient déja tirées, nous avons eu connaissance de quelques ouvrages qui auraient mérité d'en faire partie. Il n'était plus possible de les intercaler et de les mettre à la place qu'ils devaient naturellement occuper ; aussi avons-nous résolu de publier prochainement un Supplément, dans lequel nous comprendrons et ces nouveaux ouvrages, et ceux dont nos lecteurs voudraient bien nous procurer l'indication, pourvu toutefois qu'ils ne s'écartent pas du plan que nous nous sommes tracé.

TABLE

DES MATIÈRES

CONTENUES DANS CE VOLUME.

Il n'a été tiré de cet ouvrage que *vingt-cinq* exemplaires sur *papier supérieur ;* savoir : *quinze* exemplaires sur carré vélin superfin d'Annonai, et *dix* exemplaires seulement sur grand raisin vélin de la même fabrique.

Aucun de ces exemplaires, imprimés sur le plus beau papier qu'on ait pu se procurer, n'a été vendu.

ERRATA.

Page 14, ligne 5 de la note, bibilographe, *lisez* bibliographe.

— 55, — 4, on, *lisez* ont.

— 72, — 22, Euphormiones, *lisez* Euphormionis.

— 77, — 8, rethoris, *lisez* rhetoris.

— 77, — 8, extant, *lisez* exstant.

— 90, — 9, volnmes, *lisez* volumes.

— 90, — 17, Auli Gelli, *lisez* Auli Gellii.

— 92, — 27, Pitou, *lisez* Picou.

— 98, — 29, L'abbé Le Bossut, *lisez* Charles Bossut.

— 160, — 4, Nuporus, *lisez* Nuperus.

— 161, — 14, Du Puis, *lisez* Du Puy.

— 175, — 4, 218, *lisez* 213.

— 193, — 7, nomina, *lisez*, nomine.

— 206, — 19, Journelle, *lisez* Journel.

— 230, — 18, Savitale, *lisez* Sanvitale.

www.ingramcontent.com/pod-product-compliance
Lightning Source LLC
Chambersburg PA
CBHW050506270326
41927CB00009B/1921